全国普法学习读本
★ ★ ★ ★ ★

U0453631

环保节能类法律法规读本

>>>>> **保护自然法律法规学习读本** <<<<<

# 保护自然综合法律法规

加大全民普法力度，建设社会主义法治文化，树立宪法法律
至上、法律面前人人平等的法治理念。

—— 中国共产党第十九次全国代表大会《决胜全面建
成小康社会 夺取新时代中国特色社会主义伟大胜利》

王金锋 主编

汕头大学出版社

# 图书在版编目（CIP）数据

保护自然综合法律法规／王金锋主编. -- 汕头：
汕头大学出版社（2021.7重印）
（保护自然法律法规学习读本）
ISBN 978-7-5658-3518-6

Ⅰ.①保… Ⅱ.①王… Ⅲ.①自然资源保护法-中国
-学习参考资料 Ⅳ.①D922.604

中国版本图书馆 CIP 数据核字（2018）第 035167 号

保护自然综合法律法规　　　BAOHU ZIRAN ZONGHE FALÜ FAGUI
————————————————————————————————————

主　　编：王金锋
责任编辑：邹　峰
责任技编：黄东生
封面设计：大华文苑
出版发行：汕头大学出版社
　　　　　广东省汕头市大学路 243 号汕头大学校园内　邮政编码：515063
电　　话：0754-82904613
印　　刷：三河市南阳印刷有限公司
开　　本：690mm×960mm 1/16
印　　张：18
字　　数：226 千字
版　　次：2018 年 5 月第 1 版
印　　次：2021 年 7 月第 2 次印刷
定　　价：59.60 元（全 2 册）
ISBN 978-7-5658-3518-6
————————————————————————————————————

# 前　言

习近平总书记指出："推进全民守法，必须着力增强全民法治观念。要坚持把全民普法和守法作为依法治国的长期基础性工作，采取有力措施加强法制宣传教育。要坚持法治教育从娃娃抓起，把法治教育纳入国民教育体系和精神文明创建内容，由易到难、循序渐进不断增强青少年的规则意识。要健全公民和组织守法信用记录，完善守法诚信褒奖机制和违法失信行为惩戒机制，形成守法光荣、违法可耻的社会氛围，使遵法守法成为全体人民共同追求和自觉行动。"

中共中央、国务院曾经转发了中央宣传部、司法部关于在公民中开展法治宣传教育的规划，并发出通知，要求各地区各部门结合实际认真贯彻执行。通知指出，全民普法和守法是依法治国的长期基础性工作。深入开展法治宣传教育，是全面建成小康社会和新农村的重要保障。

普法规划指出：各地区各部门要根据实际需要，从不同群体的特点出发，因地制宜开展有特色的法治宣传教育坚持集中法治宣传教育与经常性法治宣传教育相结合，深化法律进机关、进乡村、进社区、进学校、进企业、进单位的"法律六进"主题活动，完善工作标准，建立长效机制。

特别是农业、农村和农民问题，始终是关系党和人民事业发展的全局性和根本性问题。党中央、国务院发布的《关于推进社会主义新农村建设的若干意见》中明确提出要"加强农村法制建设，深入开展农村普法教育，增强农民的法制观念，提高农民依法行使权利和履行义务的自觉性。"多年普法实践证明，普及法律知识，提高法制观念，增强全社会依法办事意识具有重要作用。特别是在广大农村进行普法教育，是提高全民法律素质的需要。

多年来，我国在农村实行的改革开放取得了极大成功，农村发生了翻天覆地的变化，广大农民生活水平大大得到了提高。但是，由于历史和社会等原因，现阶段我国一些地区农民文化素质还不高，不学法、不懂法、不守法现象虽然较原来有所改变，但仍有相当一部分群众的法制观念仍很淡化，不懂、不愿借助法律来保护自身权益，这就极易受到不法的侵害，或极易进行违法犯罪活动，严重阻碍了全面建成小康社会和新农村步伐。

为此，根据党和政府的指示精神以及普法规划，特别是根据广大农村农民的现状，在有关部门和专家的指导下，特别编辑了这套《全国普法学习读本》。主要包括了广大人民群众应知应懂、实际实用的法律法规。为了辅导学习，附录还收入了相应法律法规的条例准则、实施细则、解读解答、案例分析等；同时为了突出法律法规的实际实用特点，兼顾地方性和特殊性，附录还收入了部分某些地方性法律法规以及非法律法规的政策文件、管理制度、应用表格等内容，拓展了本书的知识范围，使法律法规更"接地气"，便于读者学习掌握和实际应用。

在众多法律法规中，我们通过甄别，淘汰了废止的，精选了最新的、权威的和全面的。但有部分法律法规有些条款不适应当下情况了，却没有颁布新的，我们又不能擅自改动，只得保留原有条款，但附录却有相应的补充修改意见或通知等。众多法律法规根据不同内容和受众特点，经过归类组合，优化配套。整套普法读本非常全面系统，具有很强的学习性、实用性和指导性，非常适合用于广大农村和城乡普法学习教育与实践指导。总之，是全国全民普法的良好读本。

# 目　　录

## 中华人民共和国自然保护区条例

## 中华人民共和国风景名胜区条例

# 矿山地质环境保护规定

# 古生物化石保护条例

# 中华人民共和国自然保护区条例

中华人民共和国国务院令

第 588 号

《国务院关于废止和修改部分行政法规的决定》已经
2010 年 12 月 29 日国务院第 138 次常务会议通过，现予
公布，自公布之日起施行。

总理　温家宝

二〇一一年一月八日

（1994 年 10 月 9 日中华人民共和国国务院令第 167
号发布；根据 2011 年 1 月 8 日《国务院关于废止和修改
部分行政法规的决定》修正；2017 年 10 月 7 日《国务院
关于修改部分行政法规的决定》第二次修正）

# 第一章　总　　则

**第一条**　为了加强自然保护区的建设和管理，保护自然环境

和自然资源，制定本条例。

**第二条** 本条例所称自然保护区，是指对有代表性的自然生态系统、珍稀濒危野生动植物物种的天然集中分布区、有特殊意义的自然遗迹等保护对象所在的陆地、陆地水体或者海域，依法划出一定面积予以特殊保护和管理的区域。

**第三条** 凡在中华人民共和国领域和中华人民共和国管辖的其他海域内建设和管理自然保护区，必须遵守本条例。

**第四条** 国家采取有利于发展自然保护区的经济、技术政策和措施，将自然保护区的发展规划纳入国民经济和社会发展计划。

**第五条** 建设和管理自然保护区，应当妥善处理与当地经济建设和居民生产、生活的关系。

**第六条** 自然保护区管理机构或者其行政主管部门可以接受国内外组织和个人的捐赠，用于自然保护区的建设和管理。

**第七条** 县级以上人民政府应当加强对自然保护区工作的领导。

一切单位和个人都有保护自然保护区内自然环境和自然资源的义务，并有权对破坏、侵占自然保护区的单位和个人进行检举、控告。

**第八条** 国家对自然保护区实行综合管理与分部门管理相结合的管理体制。

国务院环境保护行政主管部门负责全国自然保护区的综合管理。

国务院林业、农业、地质矿产、水利、海洋等有关行政主管部门在各自的职责范围内，主管有关的自然保护区。

县级以上地方人民政府负责自然保护区管理的部门的设置和职责，由省、自治区、直辖市人民政府根据当地具体情况确定。

**第九条** 对建设、管理自然保护区以及在有关的科学研究中做出显著成绩的单位和个人，由人民政府给予奖励。

# 第二章 自然保护区的建设

**第十条** 凡具有下列条件之一的，应当建立自然保护区：

（一）典型的自然地理区域、有代表性的自然生态系统区域以及已经遭受破坏但经保护能够恢复的同类自然生态系统区域；

（二）珍稀、濒危野生动植物物种的天然集中分布区域；

（三）具有特殊保护价值的海域、海岸、岛屿、湿地、内陆水域、森林、草原和荒漠；

（四）具有重大科学文化价值的地质构造、著名溶洞、化石分布区、冰川、火山、温泉等自然遗迹；

（五）经国务院或者省、自治区、直辖市人民政府批准，需要予以特殊保护的其他自然区域。

**第十一条** 自然保护区分为国家级自然保护区和地方级自然保护区。

在国内外有典型意义、在科学上有重大国际影响或者有特殊科学研究价值的自然保护区，列为国家级自然保护区。

除列为国家级自然保护区的外，其他具有典型意义或者重要科学研究价值的自然保护区列为地方级自然保护区。地方级自然保护区可以分级管理，具体办法由国务院有关自然保护区行政主管部门或者省、自治区、直辖市人民政府根据实际情况规定，报国务院环境保护行政主管部门备案。

**第十二条** 国家级自然保护区的建立，由自然保护区所在的省、自治区、直辖市人民政府或者国务院有关自然保护区行政主管部门提出申请，经国家级自然保护区评审委员会评审后，由国务院环境保护行政主管部门进行协调并提出审批建议，报国务院批准。

地方级自然保护区的建立，由自然保护区所在的县、自治县、市、自治州人民政府或者省、自治区、直辖市人民政府有关自然保护区行政主管部门提出申请，经地方级自然保护区评审委员会评审后，由省、自治区、直辖市人民政府环境保护行政主管部门进行协调并提出审批建议，报省、自治区、直辖市人民政府批准，并报国务院环境保护行政主管部门和国务院有关自然保护区行政主管部门备案。

跨两个以上行政区域的自然保护区的建立，由有关行政区域的人民政府协商一致后提出申请，并按照前两款规定的程序审批。

建立海上自然保护区，须经国务院批准。

**第十三条** 申请建立自然保护区，应当按照国家有关规定填报建立自然保护区申报书。

**第十四条** 自然保护区的范围和界线由批准建立自然保护区的人民政府确定，并标明区界，予以公告。

确定自然保护区的范围和界线，应当兼顾保护对象的完整性和适度性，以及当地经济建设和居民生产、生活的需要。

**第十五条** 自然保护区的撤销及其性质、范围、界线的调整或者改变，应当经原批准建立自然保护区的人民政府批准。

任何单位和个人，不得擅自移动自然保护区的界标。

**第十六条** 自然保护区按照下列方法命名：

国家级自然保护区：自然保护区所在地地名加"国家级自然保护区"。

地方级自然保护区：自然保护区所在地地名加"地方级自然保护区"。

有特殊保护对象的自然保护区，可以在自然保护区所在地地名后加特殊保护对象的名称。

第十七条　国务院环境保护行政主管部门应当会同国务院有关自然保护区行政主管部门，在对全国自然环境和自然资源状况进行调查和评价的基础上，拟订国家自然保护区发展规划，经国务院计划部门综合平衡后，报国务院批准实施。

自然保护区管理机构或者该自然保护区行政主管部门应当组织编制自然保护区的建设规划，按照规定的程序纳入国家的、地方的或者部门的投资计划，并组织实施。

第十八条　自然保护区可以分为核心区、缓冲区和实验区。

自然保护区内保存完好的天然状态的生态系统以及珍稀、濒危动植物的集中分布地，应当划为核心区，禁止任何单位和个人进入；除依照本条例第二十七条的规定经批准外，也不允许进入从事科学研究活动。

核心区外围可以划定一定面积的缓冲区，只准进入从事科学研究观测活动。

缓冲区外围划为实验区，可以进入从事科学试验、教学实习、参观考察、旅游以及驯化、繁殖珍稀、濒危野生动植物等活动。

原批准建立自然保护区的人民政府认为必要时，可以在自然保护区的外围划定一定面积的外围保护地带。

# 第三章　自然保护区的管理

第十九条　全国自然保护区管理的技术规范和标准，由国务院环境保护行政主管部门组织国务院有关自然保护区行政主管部门制定。

国务院有关自然保护区行政主管部门可以按照职责分工，制定有关类型自然保护区管理的技术规范，报国务院环境保护行政主管部门备案。

**第二十条** 县级以上人民政府环境保护行政主管部门有权对本行政区域内各类自然保护区的管理进行监督检查；县级以上人民政府有关自然保护区行政主管部门有权对其主管的自然保护区的管理进行监督检查。被检查的单位应当如实反映情况，提供必要的资料。检查者应当为被检查的单位保守技术秘密和业务秘密。

**第二十一条** 国家级自然保护区，由其所在地的省、自治区、直辖市人民政府有关自然保护区行政主管部门或者国务院有关自然保护区行政主管部门管理。地方级自然保护区，由其所在地的县级以上地方人民政府有关自然保护区行政主管部门管理。

有关自然保护区行政主管部门应当在自然保护区内设立专门的管理机构，配备专业技术人员，负责自然保护区的具体管理工作。

**第二十二条** 自然保护区管理机构的主要职责是：

（一）贯彻执行国家有关自然保护的法律、法规和方针、政策；

（二）制定自然保护区的各项管理制度，统一管理自然保护区；

（三）调查自然资源并建立档案，组织环境监测，保护自然保护区内的自然环境和自然资源；

（四）组织或者协助有关部门开展自然保护区的科学研究工作；

（五）进行自然保护的宣传教育；

（六）在不影响保护自然保护区的自然环境和自然资源的前提

下，组织开展参观、旅游等活动。

**第二十三条** 管理自然保护区所需经费，由自然保护区所在地的县级以上地方人民政府安排。国家对国家级自然保护区的管理，给予适当的资金补助。

**第二十四条** 自然保护区所在地的公安机关，可以根据需要在自然保护区设置公安派出机构，维护自然保护区内的治安秩序。

**第二十五条** 在自然保护区内的单位、居民和经批准进入自然保护区的人员，必须遵守自然保护区的各项管理制度，接受自然保护区管理机构的管理。

**第二十六条** 禁止在自然保护区内进行砍伐、放牧、狩猎、捕捞、采药、开垦、烧荒、开矿、采石、挖沙等活动；但是，法律、行政法规另有规定的除外。

**第二十七条** 禁止任何人进入自然保护区的核心区。因科学研究的需要，必须进入核心区从事科学研究观测、调查活动的，应当事先向自然保护区管理机构提交申请和活动计划，并经自然保护区管理机构批准；其中，进入国家级自然保护区核心区的，应当经省、自治区、直辖市人民政府有关自然保护区行政主管部门批准。

自然保护区核心区内原有居民确有必要迁出的，由自然保护区所在地的地方人民政府予以妥善安置。

**第二十八条** 禁止在自然保护区的缓冲区开展旅游和生产经营活动。因教学科研的目的，需要进入自然保护区的缓冲区从事非破坏性的科学研究、教学实习和标本采集活动的，应当事先向自然保护区管理机构提交申请和活动计划，经自然保护区管理机构批准。

从事前款活动的单位和个人，应当将其活动成果的副本提交自然保护区管理机构。

第二十九条　在自然保护区的实验区内开展参观、旅游活动的，由自然保护区管理机构编制方案，方案应当符合自然保护区管理目标。

自然保护区组织参观、旅游活动的，应当严格按照前款规定的方案进行，并加强管理；进入自然保护区参观、旅游的单位和个人，应当服从自然保护区管理机构的管理。

严禁开设与自然保护区保护方向不一致的参观、旅游项目。

第三十条　自然保护区的内部未分区的，依照本条例有关核心区和缓冲区的规定管理。

第三十一条　外国人进入自然保护区，应当事先向自然保护区管理机构提交活动计划，并经自然保护区管理机构批准；其中，进入国家级自然保护区的，应当经省、自治区、直辖市环境保护、海洋、渔业等有关自然保护区行政主管部门按照各自职责批准。

进入自然保护区的外国人，应当遵守有关自然保护区的法律、法规和规定，未经批准，不得在自然保护区内从事采集标本等活动。

第三十二条　在自然保护区的核心区和缓冲区内，不得建设任何生产设施。在自然保护区的实验区内，不得建设污染环境、破坏资源或者景观的生产设施；建设其他项目，其污染物排放不得超过国家和地方规定的污染物排放标准。在自然保护区的实验区内已经建成的设施，其污染物排放超过国家和地方规定的排放标准的，应当限期治理；造成损害的，必须采取补救措施。

在自然保护区的外围保护地带建设的项目，不得损害自然保护区内的环境质量；已造成损害的，应当限期治理。

限期治理决定由法律、法规规定的机关作出，被限期治理的企业事业单位必须按期完成治理任务。

第三十三条　因发生事故或者其他突然性事件，造成或者可能造成自然保护区污染或者破坏的单位和个人，必须立即采取措施处理，及时通报可能受到危害的单位和居民，并向自然保护区管理机构、当地环境保护行政主管部门和自然保护区行政主管部门报告，接受调查处理。

# 第四章　法律责任

第三十四条　违反本条例规定，有下列行为之一的单位和个人，由自然保护区管理机构责令其改正，并可以根据不同情节处以 100 元以上 5000 元以下的罚款：

（一）擅自移动或者破坏自然保护区界标的；

（二）未经批准进入自然保护区或者在自然保护区内不服从管理机构管理的；

（三）经批准在自然保护区的缓冲区内从事科学研究、教学实习和标本采集的单位和个人，不向自然保护区管理机构提交活动成果副本的。

第三十五条　违反本条例规定，在自然保护区进行砍伐、放牧、狩猎、捕捞、采药、开垦、烧荒、开矿、采石、挖沙等活动的单位和个人，除可以依照有关法律、行政法规规定给予处罚的以外，由县级以上人民政府有关自然保护区行政主管部门或者其授权的自然保护区管理机构没收违法所得，责令停止违法行为，限期恢复原状或者采取其他补救措施；对自然保护区造成破坏的，可以处以 300 元以上 1 万元以下的罚款。

第三十六条　自然保护区管理机构违反本条例规定，拒绝环境保护行政主管部门或者有关自然保护区行政主管部门监督检查，或者在被检查时弄虚作假的，由县级以上人民政府环境保护行政主管部门或者有关自然保护区行政主管部门给予 300 元以上 3000元以下的罚款。

**第三十七条** 自然保护区管理机构违反本条例规定，有下列行为之一的，由县级以上人民政府有关自然保护区行政主管部门责令限期改正；对直接责任人员，由其所在单位或者上级机关给予行政处分：

（一）开展参观、旅游活动未编制方案或者编制的方案不符合自然保护区管理目标的；

（二）开设与自然保护区保护方向不一致的参观、旅游项目的；

（三）不按照编制的方案开展参观、旅游活动的；

（四）违法批准人员进入自然保护区的核心区，或者违法批准外国人进入自然保护区的；

（五）有其他滥用职权、玩忽职守、徇私舞弊行为的。

**第三十八条** 违反本条例规定，给自然保护区造成损失的，由县级以上人民政府有关自然保护区行政主管部门责令赔偿损失。

**第三十九条** 妨碍自然保护区管理人员执行公务的，由公安机关依照《中华人民共和国治安管理处罚法》的规定给予处罚；情节严重，构成犯罪的，依法追究刑事责任。

**第四十条** 违反本条例规定，造成自然保护区重大污染或者破坏事故，导致公私财产重大损失或者人身伤亡的严重后果，构成犯罪的，对直接负责的主管人员和其他直接责任人员依法追究刑事责任。

**第四十一条** 自然保护区管理人员滥用职权、玩忽职守、徇私舞弊，构成犯罪的，依法追究刑事责任；情节轻微，尚不构成犯罪的，由其所在单位或者上级机关给予行政处分。

# 第五章　附　则

**第四十二条**　国务院有关自然保护区行政主管部门可以根据本条例，制定有关类型自然保护区的管理办法。

**第四十三条**　各省、自治区、直辖市人民政府可以根据本条例，制定实施办法。

**第四十四条**　本条例自 1994 年 12 月 1 日起施行。

# 附 录

## 国家级自然保护区监督检查办法

国家环境保护总局令

第 36 号

《国家级自然保护区监督检查办法》已于 2006 年 10 月 18 日经国家环境保护总局 2006 年第六次局务会议通过，现予公布，自 2006 年 12 月 1 日起施行。

国家环境保护总局局长

二○○六年十月二十六日

**第一条** 为加强对国家级自然保护区的监督管理，提高国家级自然保护区的建设和管理水平，根据《中华人民共和国环境保护法》、《中华人民共和国自然保护区条例》以及其他有关规定，制定本办法。

**第二条** 本办法适用于国务院环境保护行政主管部门组织的对全国各类国家级自然保护区的监督检查。

**第三条** 国务院环境保护行政主管部门在依照法律法规和本办法的规定履行监督检查职责时，有权采取下列措施：

（一）进入国家级自然保护区进行实地检查；

（二）要求国家级自然保护区管理机构汇报建设和管理情况；

（三）查阅或者复制有关资料、凭证；

（四）向有关单位和人员调查了解相关情况；

（五）法律、法规规定有权采取的其他措施。

监督检查人员在履行监督检查职责时，应当严格遵守国家有关法律法规规定的程序，出示证件，并为被检查单位保守技术和业务秘密。

第四条　有关单位或者人员对依法进行的监督检查应当给予支持与配合，如实反映情况，提供有关资料，不得拒绝或者妨碍监督检查工作。

第五条　任何单位和个人都有权对污染或者破坏国家级自然保护区的单位、个人以及不履行或者不依法履行国家级自然保护区监督管理职责的机构进行检举或者控告。

第六条　国务院环境保护行政主管部门应当向社会公开国家级自然保护区监督检查的有关情况，接受社会监督。

第七条　国务院环境保护行政主管部门组织对国家级自然保护区的建设和管理状况进行定期评估。

国务院环境保护行政主管部门组织成立国家级自然保护区评估委员会，对国家级自然保护区的建设和管理状况进行定期评估，并根据评估结果提出整改建议。

对每个国家级自然保护区的建设和管理状况的定期评估，每五年不少于一次。

第八条　国家级自然保护区定期评估的内容应当包括：

（一）管理机构的设置和人员编制情况；

（二）管护设施状况；

（三）面积和功能分区适宜性、范围、界线和土地权属；

（四）管理规章、规划的制定及其实施情况；

（五）资源本底、保护及利用情况；

（六）科研、监测、档案和标本情况；

（七）自然保护区内建设项目管理情况；

（八）旅游和其他人类活动情况；

（九）与周边社区的关系状况；

（十）宣传教育、培训、交流与合作情况；

（十一）管理经费情况；

（十二）其他应当评估的内容。

国家级自然保护区定期评估标准由国务院环境保护行政主管部门另行制定。

**第九条** 国务院环境保护行政主管部门组织国家级自然保护区定期评估时，应当在评估开始 20 个工作日前通知拟被评估的国家级自然保护区管理机构及其行政主管部门。

**第十条** 国家级自然保护区评估结果分为优、良、中和差四个等级。

国务院环境保护行政主管部门应当及时将评估结果和整改建议向被评估的国家级自然保护区管理机构反馈，并抄送该自然保护区行政主管部门及所在地省级人民政府。

被评估的国家级自然保护区管理机构对评估结果有异议的，可以向国务院环境保护行政主管部门申请复核；国务院环境保护行政主管部门应当及时进行审查核实。

**第十一条** 国家级自然保护区定期评估结果由国务院环境保护行政主管部门统一发布。

**第十二条** 国务院环境保护行政主管部门对国家级自然保护区进行执法检查。

执法检查分为定期检查、专项检查、抽查和专案调查等。

**第十三条** 国家级自然保护区执法检查的内容应当包括：

（一）国家级自然保护区的设立、范围和功能区的调整以及名称的更改是否符合有关规定；

（二）国家级自然保护区内是否存在违法砍伐、放牧、狩猎、捕捞、采药、开垦、烧荒、开矿、采石、挖沙、影视拍摄以及其他法律法规禁止的活动；

（三）国家级自然保护区内是否存在违法的建设项目，排污单位的污染物排放是否符合环境保护法律、法规及自然保护区管理的有关规定，超标排污单位限期治理的情况；

（四）涉及国家级自然保护区且其环境影响评价文件依法由地方环境保护行政主管部门审批的建设项目，其环境影响评价文件在审批前是否征得国务院环境保护行政主管部门的同意；

（五）国家级自然保护区内是否存在破坏、侵占、非法转让自然保护区的土地或者其他自然资源的行为；

（六）国家级自然保护区的旅游活动方案是否经过国务院有关自然保护区行政主管部门批准，旅游活动是否符合法律法规规定和自然保护区建设规划（总体规划）的要求；

（七）国家级自然保护区建设是否符合建设规划（总体规划）要求，相关基础设施、设备是否符合国家有关标准和技术规范；

（八）国家级自然保护区管理机构是否依法履行职责；

（九）国家级自然保护区的建设和管理经费的使用是否符合国家有关规定；

（十）法律法规规定的应当实施监督检查的其他内容。

**第十四条** 对在定期评估或者执法检查中发现的违反国家级自然保护区建设和管理规定的国家级自然保护区管理机构，除依照本办法第十九条的规定处理外，国务院环境保护行政主管部门应当责令限期整改，并可酌情予以通报。

对于整改不合格且保护对象受到严重破坏，不再符合国家级自然保护区条件的国家级自然保护区，国务院环境保护行政主管部门应当向国家级自然保护区评审委员会提出对该国家级自然保护区予以降级的建议，经评审通过并报国务院批准后，给予降级处理。

**第十五条** 因有关行政机关或者国家级自然保护区管理机构滥用职权、玩忽职守、徇私舞弊，导致该国家级自然保护区被降级的，对其直接负责的主管人员和其他直接责任人员，国务院环境保护行政主管部门可以向其上级机关或者有关监察机关提出行政处分建议。

**第十六条** 被降级的国家级自然保护区，五年之内不得再次申报设立国家级自然保护区。

**第十七条** 国务院环境保护行政主管部门应当及时向社会公布对国家级自然保护区执法检查的结果、被责令整改的国家级自然保护区名单及其整改情况和被降级的国家级自然保护区名单。

**第十八条** 县级以上地方人民政府及其有关行政主管部门，违反有关规定，有下列行为之一的，对直接负责的主管人员和其他直接责任人员，国务院环境保护行政主管部门可以向其上级机关或者有关监察机关提出行政处分建议：

（一）未经批准，擅自撤销国家级自然保护区或者擅自调整、改变国家级自然保护区的范围、界限、功能区划的；

（二）违法批准在国家级自然保护区内建设污染或者破坏生态环境的项目的；

（三）违法批准在国家级自然保护区内开展旅游或者开采矿产资源的；

（四）对本辖区内发生的违反环境保护法律法规中有关国家级自然保护区管理规定的行为，不予制止或者不予查处的；

（五）制定或者采取与环境保护法律法规中有关国家级自然保护区管理规定相抵触的规定或者措施，经指出仍不改正的；

（六）干预或者限制环境保护行政主管部门依法对国家级自然保护区实施监督检查的；

（七）其他违反国家级自然保护区管理规定的行为。

**第十九条** 国家级自然保护区管理机构违反有关规定，有下列行为之一的，国务院环境保护行政主管部门应当责令限期改正；对直接负责的主管人员和其他直接责任人员，可以向设立该管理机构的自然保护区行政主管部门或者有关监察机关提出行政处分建议：

（一）擅自调整、改变自然保护区的范围、界限和功能区划的；

（二）未经批准，在自然保护区开展参观、旅游活动的；

（三）开设与自然保护区保护方向不一致的参观、旅游项目的；

（四）不按照批准的方案开展参观、旅游活动的；

（五）对国家级自然保护区内发生的违反环境保护法律法规中有关国家级自然保护区管理规定的行为，不予制止或者不予查处的；

（六）阻挠或者妨碍监督检查人员依法履行职责的；

（七）挪用、滥用国家级自然保护区建设和管理经费的；

（八）对监督检查人员、检举和控告人员进行打击报复的；

（九）其他不依法履行自然保护区建设和管理职责的行为。

**第二十条** 国家级自然保护区管理机构拒绝国务院环境保护行政主管部门对国家级自然保护区的监督检查，或者在监督检查中弄虚作假的，由国务院环境保护行政主管部门依照《自然保护区条例》的有关规定给予处罚。

第二十一条　省级人民政府环境保护行政主管部门对本行政区域内地方级自然保护区的监督检查，可以参照本办法执行。

县级以上地方人民政府环境保护行政主管部门对本行政区域内的国家级自然保护区的执法检查内容，可以参照本办法执行；在执法检查中发现国家级自然保护区管理机构有违反国家级自然保护区建设和管理规定行为的，可以将有关情况逐级上报国务院环境保护行政主管部门，由国务院环境保护行政主管部门经核实后依照本办法的有关规定处理。

第二十二条　本办法自 2006 年 12 月 1 日起施行。

# 国家级自然保护区调整管理规定

国务院关于印发
国家级自然保护区调整管理规定的通知
国函〔2013〕129号

各省、自治区、直辖市人民政府，国务院各部委、各直属机构：

现将《国家级自然保护区调整管理规定》印发给你们，请认真贯彻执行。国务院批准的原环保总局《国家级自然保护区范围调整和功能区调整及更改名称管理规定》废止。

国务院
2013年12月2日

**第一条** 为加强国家级自然保护区的建设和管理，有效保护国家级自然保护区的环境、资源和生物多样性，根据《中华人民共和国自然保护区条例》及其他有关规定，制定本规定。

**第二条** 国家级自然保护区是指在国内外有典型意义、在科学上有重大国际影响或者有特殊科学研究价值，并经国务院批准建立的自然保护区。

**第三条** 本规定适用于国家级自然保护区的范围调整、功能区调整及更改名称。

范围调整，是指国家级自然保护区外部界限的扩大、缩小或内外部区域间的调换。

功能区调整，是指国家级自然保护区内部的核心区、缓冲区、实验区范围的调整。

更改名称，是指国家级自然保护区原名称中的地名更改或保护对象的改变。

**第四条** 国务院环境保护行政主管部门负责国家级自然保护区调整监督管理工作。国务院有关行政主管部门在各自的职责范围内负责对国家级自然保护区调整管理工作。

**第五条** 对国家级自然保护区不得随意调整。

调整国家级自然保护区原则上不得缩小核心区、缓冲区面积，应确保主要保护对象得到有效保护，不破坏生态系统和生态过程的完整性，不损害生物多样性，不得改变自然保护区性质。对面积偏小，不能满足保护需要的国家级自然保护区，应鼓励扩大保护范围。

自批准建立或调整国家级自然保护区之日起，原则上五年内不得进行调整。

调整国家级自然保护区应当避免与国家级风景名胜区在范围上产生新的重叠。

**第六条** 存在下列情况的国家级自然保护区，可以申请进行调整：

（一）自然条件变化导致主要保护对象生存环境发生重大改变；

（二）在批准建立之前区内存在建制镇或城市主城区等人口密集区，且不具备保护价值；

（三）国家重大工程建设需要。国家重大工程包括国务院审批、核准的建设项目，列入国务院或国务院授权有关部门批准的规划且近期将开工建设的建设项目。

（四）确因所在地地名、主要保护对象发生重大变化的，可以申请更改名称。

**第七条** 主要保护对象属于下列情况的，调整时不得缩小保护区核心区面积或对保护区核心区内区域进行调换：

（一）世界上同类型中的典型自然生态系统，且为世界性珍稀濒危类型；

（二）世界上唯一或极特殊的自然遗迹，且遗迹的类型、内容、规模等具有国际对比意义；

（三）国家一级重点保护物种。

**第八条** 确因国家重大工程建设需要调整保护区的，原则上不得调出核心区、缓冲区。

建设单位应当开展工程建设生态风险评估，并将有关情况向社会公示。

除国防重大建设工程外，国家级自然保护区因重大工程建设调整后，原则上不得再次调整。

**第九条** 调整国家级自然保护区范围，由国家级自然保护区所在地的省、自治区、直辖市人民政府或国务院有关自然保护区行政主管部门向国务院提出申请。由国务院有关自然保护区行政主管部门提出申请的，应事先征求国家级自然保护区所在地的省、自治区、直辖市人民政府意见。

调整国家级自然保护区功能区或更改名称，由国家级自然保护区所在地的省、自治区、直辖市人民政府向国务院有关自然保护区行政主管部门提出申请，并抄送国务院环境保护行政主管部门。

**第十条** 调整国家级自然保护区的申报材料应当包括：申报书、综合科学考察报告、总体规划及附图、调整论证报告、彩色挂图、音像资料、图片集及有关附件。

调整国家级自然保护区范围和功能区申报材料的相关要求，由国务院环境保护行政主管部门会同国务院有关自然保护区行政主管部门制定。

第十一条 因国家重大工程建设需要调整国家级自然保护区范围或功能区的，除按本规定第十条要求提供材料外，还需提供以下材料：

（一）有关工程建设的批准文件；

（二）国务院有关行政主管部门的审核意见；

（三）自然保护区管理机构和自然保护区所在地及其周边公众意见；

（四）工程建设对自然保护区影响的专题论证报告；

（五）涉及人员的生产、生活情况及安置去向报告；

（六）生态保护与补偿措施方案及相关协议。

上述材料可作为编制建设项目环境影响报告书及项目审批的依据。

第十二条 国家级自然保护区评审委员会负责国家级自然保护区调整范围和功能区的评审工作。

国家级自然保护区调整范围和功能区的评审，按照国家级自然保护区评审标准和评审程序进行。

第十三条 国家级自然保护区评审委员会在组织材料初审、实地考察、遥感监测过程中，发现存在下列情况的，不予评审，并及时通知申报单位：

（一）申报程序不完备；

（二）申报材料内容不全面、不真实；

（三）自然保护区内存在环境违法行为。

第十四条 国家级自然保护区范围调整申请，经评审通过后，由国务院环境保护行政主管部门协调并提出审批建议，报国务院批准。

国家级自然保护区更改名称申请，由国务院有关自然保护区行政主管部门协调并提出审批建议，报国务院批准。

国家级自然保护区功能区调整申请，经评审通过后，由国务院有关自然保护区行政主管部门批准，报国务院环境保护行政主管部门备案。

**第十五条** 国家级自然保护区范围调整经批准后，由国务院环境保护行政主管部门公布其面积、四至范围和功能区划图，自然保护区所在地人民政府应当在公布之日起的三个月内组织完成勘界立标，予以公告。

国家级自然保护区功能区调整经批准后，由国务院有关自然保护区行政主管部门公布，自然保护区所在地人民政府应当在公布之日起的三个月内组织完成勘界立标，予以公告。

国家级自然保护区更改名称经批准后，由申报单位予以公告。

**第十六条** 有关单位和个人存在下列行为之一的，由国务院环境保护行政主管部门或国务院有关自然保护区行政主管部门责令限期整改，并依法查处：

（一）未经批准，擅自调整、改变国家级自然保护区的名称、范围或功能区的；

（二）未按照批准方案调整国家级自然保护区范围或功能区的；

（三）申报材料弄虚作假、隐瞒事实的。

因擅自调整导致保护对象受到严重威胁和破坏的，对相关责任人员，国务院环境保护行政主管部门或有关自然保护区行政主管部门可向其所在单位、上级行政主管部门或者监察机关提出行政处分建议。

对破坏特别严重、失去保护价值的国家级自然保护区，可按照批准设立的程序报请国务院批准，取消其资格，并追究相关责任人员的法律责任。

## 湿地保护管理规定

中华人民共和国国家林业局令

第 32 号

《湿地保护管理规定》已经国家林业局局务会议审议通过，现予公布，自 2013 年 5 月 1 日起施行。

2013 年 3 月 28 日

第一条 为了加强湿地保护管理，履行国际湿地公约，根据法律法规和国务院有关规定，制定本规定。

第二条 本规定所称湿地，是指常年或者季节性积水地带、水域和低潮时水深不超过 6 米的海域，包括沼泽湿地、湖泊湿地、河流湿地、滨海湿地等自然湿地，以及重点保护野生动物栖息地或者重点保护野生植物的原生地等人工湿地。

第三条 国家对湿地实行保护优先、科学恢复、合理利用、持续发展的方针。

第四条 国家林业局负责全国湿地保护工作的组织、协调、指导和监督，并组织、协调有关国际湿地公约的履约工作。

县级以上地方人民政府林业主管部门按照有关规定负责本行政区域内的湿地保护管理工作。

第五条 县级以上人民政府林业主管部门及有关湿地保护管理机构应当加强湿地保护宣传教育和培训，结合世界湿地日、爱鸟周和保护野生动物宣传月等开展宣传教育活动，提高公众湿地保护意识。

县级以上人民政府林业主管部门应当组织开展湿地保护管理的科学研究，应用推广研究成果，提高湿地保护管理水平。

**第六条** 县级以上地方人民政府林业主管部门应当鼓励、支持公民、法人和其他组织，以志愿服务、捐赠等形式参与湿地保护。

**第七条** 国家林业局会同国务院有关部门编制全国和区域性湿地保护规划，报国务院或者其授权的部门批准。

县级以上地方人民政府林业主管部门应当会同同级人民政府有关部门，按照有关规定编制本行政区域内的湿地保护规划，报同级人民政府或者其授权的部门批准。

**第八条** 湿地保护规划应当包括下列内容：

（一）湿地资源分布情况、类型及特点、水资源、野生生物资源状况；

（二）保护和利用的指导思想、原则、目标和任务；

（三）湿地生态保护重点建设项目与建设布局；

（四）投资估算和效益分析；

（五）保障措施。

**第九条** 经批准的湿地保护规划必须严格执行；未经原批准机关批准，不得调整或者修改。

**第十条** 国家林业局定期组织开展全国湿地资源调查、监测和评估，按照有关规定向社会公布相关情况。

湿地资源调查、监测、评估等技术规程，由国家林业局在征求有关部门和单位意见的基础上制定。

县级以上地方人民政府林业主管部门及有关湿地保护管理机构应当组织开展本行政区域内的湿地资源调查、监测和评估工作，按照有关规定向社会公布相关情况。

**第十一条** 县级以上人民政府或者林业主管部门可以采取建

立湿地自然保护区、湿地公园、湿地保护小区、湿地多用途管理区等方式，健全湿地保护体系，完善湿地保护管理机构，加强湿地保护。

**第十二条** 湿地按照其重要程度、生态功能等，分为重要湿地和一般湿地。

重要湿地包括国家重要湿地和地方重要湿地。

重要湿地以外的湿地为一般湿地。

**第十三条** 国家林业局会同国务院有关部门划定国家重要湿地，向社会公布。

国家重要湿地的划分标准，由国家林业局会同国务院有关部门制定。

**第十四条** 县级以上地方人民政府林业主管部门会同同级人民政府有关部门划定地方重要湿地，并向社会公布。

地方重要湿地和一般湿地的管理办法由省、自治区、直辖市制定。

**第十五条** 符合国际湿地公约国际重要湿地标准的，可以申请指定为国际重要湿地。

申请指定国际重要湿地的，由国务院有关部门或者湿地所在地省、自治区、直辖市人民政府林业主管部门向国家林业局提出。国家林业局应当组织论证、审核，对符合国际重要湿地条件的，在征得湿地所在地省、自治区、直辖市人民政府和国务院有关部门同意后，报国际湿地公约秘书处核准列入《国际重要湿地名录》。

**第十六条** 国家林业局对国际重要湿地的保护管理工作进行指导和监督，定期对国际重要湿地的生态状况开展检查和评估，并向社会公布结果。

国际重要湿地所在地的县级以上地方人民政府林业主管部门

# 湿地保护修复制度方案

国务院办公厅关于印发湿地保护修复制度方案的通知

国办发〔2016〕89 号

各省、自治区、直辖市人民政府，国务院各部委、各直属机构：

《湿地保护修复制度方案》已经国务院同意，现印发给你们，请认真贯彻执行。

国务院办公厅

2016 年 11 月 30 日

湿地在涵养水源、净化水质、蓄洪抗旱、调节气候和维护生物多样性等方面发挥着重要功能，是重要的自然生态系统，也是自然生态空间的重要组成部分。湿地保护是生态文明建设的重要内容，事关国家生态安全，事关经济社会可持续发展，事关中华民族子孙后代的生存福祉。为加快建立系统完整的湿地保护修复制度，根据中共中央、国务院印发的《关于加快推进生态文明建设的意见》和《生态文明体制改革总体方案》要求，制定本方案。

一、总体要求

（一）指导思想。全面贯彻落实党的十八大和十八届三中、四中、五中、六中全会精神，深入学习贯彻习近平总书记系列重要讲话精神，紧紧围绕统筹推进"五位一体"总体布局和协调推进"四个全面"战略布局，牢固树立创新、协调、绿色、开放、共享的发展理念，认真落实党中央、国务院决策部署，深化生态文明体制改革，大力推进生态文明建设。建立湿地保护修复制度，全面保护湿地，强化湿地利用监管，推进退化湿地修复，提升全社会湿地保护意识，为建设生态文明和美丽中国提供重要保障。

（二）基本原则。坚持生态优先、保护优先的原则，维护湿地生态功能和作用的可持续性；坚持全面保护、分级管理的原则，将全国所有湿地纳入保护范围，重点加强自然湿地、国家和地方重要湿地的保护与修复；坚持政府主导、社会参与的原则，地方各级人民政府对本行政区域内湿地保护负总责，鼓励社会各界参与湿地保护与修复；坚持综合协调、分工负责的原则，充分发挥林业、国土资源、环境保护、水利、农业、海洋等湿地保护管理相关部门的职能作用，协同推进湿地保护与修复；坚持注重成效、严格考核的原则，将湿地保护修复成效纳入对地方各级人民政府领导干部的考评体系，严明奖惩制度。

（三）目标任务。实行湿地面积总量管控，到 2020 年，全国湿地面积不低于 8 亿亩，其中，自然湿地面积不低于 7 亿亩，新增湿地面积 300 万亩，湿地保护率提高到 50%以上。严格湿地用途监管，确保湿地面积不减少，增强湿地生态功能，维护湿地生物多样性，全面提升湿地保护与修复水平。

二、完善湿地分级管理体系

（四）建立湿地分级体系。根据生态区位、生态系统功能和生物多样性，将全国湿地划分为国家重要湿地（含国际重要湿地）、地方重要湿地和一般湿地，列入不同级别湿地名录，定期更新。国务院林业主管部门会同有关部门制定国家重要湿地认定标准和管理办法，明确相关管理规则和程序，发布国家重要湿地名录。省级林业主管部门会同有关部门制定地方重要湿地和一般湿地认定标准和管理办法，发布地方重要湿地和一般湿地名录。（国家林业局牵头，国土资源部、环境保护部、水利部、农业部、国家海洋局等参与，地方各级人民政府负责落实。以下均需地方各级人民政府落实，不再列出）

（五）探索开展湿地管理事权划分改革。坚持权、责、利相统一的原则，探索开展湿地管理方面的中央与地方财政事权和支出责任划分改革，明晰国家重要湿地、地方重要湿地和一般湿地的事权划分。（财政部、国家林业局会同有关部门负责）

（六）完善保护管理体系。国务院湿地保护管理相关部门指导全国湿地保护修复工作。地方各级人民政府湿地保护管理相关部门指导本辖区湿地保护修复工作。对国家和地方重要湿地，要通过设立国家公园、湿地自然保护区、湿地公园、水产种质资源保护区、海洋特别保护区等方式加强保护，在生态敏感和脆弱地区加快保护管理体系建设。加强各级湿地保护管理机构的能力建设，夯实保护基础。在国家和地方重要湿地探索设立湿地管护公益岗位，建立完善县、乡、村三级管护联动网络，创新湿地保护管理形式。（国家林业局、财政部、国土资源部、环境保护部、水利部、农业部、国家海洋局等按职责分工负责）

三、实行湿地保护目标责任制

（七）落实湿地面积总量管控。确定全国和各省（区、市）湿地面积管控目标，逐级分解落实。合理划定纳入生态保护红线的湿地范围，明确湿地名录，并落实到具体湿地地块。经批准征收、占用湿地并转为其他用途的，用地单位要按照"先补后占、占补平衡"的原则，负责恢复或重建与所占湿地面积和质量相当的湿地，确保湿地面积不减少。（国家林业局、国土资源部、国家发展改革委、环境保护部、水利部、农业部、国家海洋局等按职责分工负责）

（八）提升湿地生态功能。制定湿地生态状况评定标准，从影响湿地生态系统健康的水量、水质、土壤、野生动植物等方面完善评价指标体系。到 2020 年，重要江河湖泊水功能区水质达标率提高到 80%以上，自然岸线保有率不低于 35%，水鸟种类不低于 231 种，全国湿地野生动植物种群数量不减少。（国家林业局、环境保护部、水利部、农业部、国土资源部、国家海洋局等按职责分工负责）

（九）建立湿地保护成效奖惩机制。地方各级人民政府对本行政区域内湿地保护负总责，政府主要领导成员承担主要责任，其他有关领导成员在职责范围内承担相应责任，要将湿地面积、湿地保护率、湿地生态状况等保护成效指标纳入本地区生态文明建设目标评价考核等制度体系，建立健全奖励机制和终身追责机制。（国家林业局牵头，国家发展改革委、国土资源部、环境保护部、水利部、农业部、国家海洋局等参与）

四、健全湿地用途监管机制

（十）建立湿地用途管控机制。按照主体功能定位确定各类湿地功能，实施负面清单管理。禁止擅自征收、占用国家和地方重要湿地，在保护的前提下合理利用一般湿地，禁止侵占自然湿地等水源涵养空间，已侵占的要限期予以恢复，禁止开（围）垦、填埋、排干湿地，禁止永久性截断湿地水源，禁止向湿地超标排放污染物，禁止对湿地野生动物栖息地和鱼类洄游通道造成破坏，禁止破坏湿地及其生态功能的其他活动。（国家林业局、国土资源部、环境保护部、水利部、农业部、国家海洋局等按职责分工负责）

（十一）规范湿地用途管理。完善涉及湿地相关资源的用途管理制度，合理设立湿地相关资源利用的强度和时限，避免对湿地生态要素、生态过程、生态服务功能等方面造成破坏。进一步加强对取水、污染物排放、野生动植物资源利用、挖砂、取土、开矿、引进外来物种和涉外科学考察等活动的管理。（国土资源部、环境保护部、水利部、农业部、国家林业局、国家海洋局等按职责分工负责）

（十二）严肃惩处破坏湿地行为。湿地保护管理相关部门根据职责分工依法对湿地利用进行监督，对湿地破坏严重的地区或有关部门进行约谈，探索建立湿地利用预警机制，遏制各种破坏湿地生态的行为。严厉查处违法利用湿地的行为，造成湿地生态系统破坏的，由湿地保护管理相关部门责令限期恢复原状，情节严重或逾期未恢复原状的，依法给予相应处罚，涉嫌犯罪的，移送司法机关严肃处理。探索建立相对集中行政处罚权的执法机制。地方各级人民政府湿地保护管理相关部门或湿地保护管理机构要加强对湿地资源利用者的监督。（国家林业局、国土资源部、环境保护部、水利部、农业部、国家海洋局等按职责分工负责）

五、建立退化湿地修复制度

（十三）明确湿地修复责任主体。对未经批准将湿地转为其他用途的，按照"谁破坏、谁修复"的原则实施恢复和重建。能够确认责任主体的，由其自行开展湿地修复或委托具备修复能力的第三方机构进行修复。对因历史原因或公共利益造成生态破坏的、因重大自然灾害受损的湿地，经科学论证确需恢复的，由地方各级人民政府承担修复责任，所需资金列入财政预算。（国家林业局、国土资源部、环境保护部、水利部、农业部、国家海洋局等按职责分工负责）

（十四）多措并举增加湿地面积。地方各级人民政府要对近年来湿地被侵占情况进行认真排查，并通过退耕还湿、退养还滩、排水退化湿地恢复和盐碱化土地复湿等措施，恢复原有湿地。各地要在水源、用地、管护、移民安置等方面，为增加湿地面积提供条件。（国家林业局、国土资源部、环境保护部、水利部、农业

部、国家海洋局等按职责分工负责)

(十五)实施湿地保护修复工程。国务院林业主管部门和省级林业主管部门分别会同同级相关部门编制湿地保护修复工程规划。坚持自然恢复为主、与人工修复相结合的方式,对集中连片、破碎化严重、功能退化的自然湿地进行修复和综合整治,优先修复生态功能严重退化的国家和地方重要湿地。通过污染清理、土地整治、地形地貌修复、自然湿地岸线维护、河湖水系连通、植被恢复、野生动物栖息地恢复、拆除围网、生态移民和湿地有害生物防治等手段,逐步恢复湿地生态功能,增强湿地碳汇功能,维持湿地生态系统健康。(国家林业局牵头,国家发展改革委、财政部、国土资源部、环境保护部、水利部、农业部、国家海洋局等参与)

(十六)完善生态用水机制。水资源利用要与湿地保护紧密结合,统筹协调区域或流域内的水资源平衡,维护湿地的生态用水需求。从生态安全、水文联系的角度,利用流域综合治理方法,建立湿地生态补水机制,明确技术路线、资金投入以及相关部门的责任和义务。水库蓄水和泄洪要充分考虑相关野生动植物保护需求。(水利部牵头,国家发展改革委、财政部、国家林业局、环境保护部、农业部、国家海洋局等参与)

(十七)强化湿地修复成效监督。国务院湿地保护管理相关部门制定湿地修复绩效评价标准,组织开展湿地修复工程的绩效评价。由第三方机构开展湿地修复工程竣工评估和后评估。建立湿地修复公示制度,依法公开湿地修复方案、修复成效,接受公众监督。(国家林业局、国土资源部、环境保护部、水利部、农业部、国家海洋局等按职责分工负责)

六、健全湿地监测评价体系

(十八)明确湿地监测评价主体。国务院林业主管部门会同有关部门组织实施国家重要湿地的监测评价，制定全国湿地资源调查和监测、重要湿地评价、退化湿地评估等规程或标准，组织实施全国湿地资源调查，调查周期为10年。省级及以下林业主管部门会同有关部门组织实施地方重要湿地和一般湿地的监测评价。加强部门间湿地监测评价协调工作，统筹解决重大问题。（国家林业局牵头，国土资源部、环境保护部、水利部、农业部、国家海洋局等参与）

（十九）完善湿地监测网络。统筹规划国家重要湿地监测站点设置，建立国家重要湿地监测评价网络，提高监测数据质量和信息化水平。健全湿地监测数据共享制度，林业、国土资源、环境保护、水利、农业、海洋等部门获取的湿地资源相关数据要实现有效集成、互联共享。加强生态风险预警，防止湿地生态系统特征发生不良变化。（国家林业局牵头，国土资源部、环境保护部、水利部、农业部、国家海洋局等参与）

（二十）监测信息发布和应用。建立统一的湿地监测评价信息发布制度，规范发布内容、流程、权限和渠道等。国务院林业主管部门会同有关部门发布全国范围、跨区域、跨流域以及国家重要湿地监测评价信息。运用监测评价信息，为考核地方各级人民政府落实湿地保护责任情况提供科学依据和数据支撑。建立监测评价与监管执法联动机制。（国家林业局牵头，国土资源部、环境保护部、水利部、农业部、国家海洋局等参与）

七、完善湿地保护修复保障机制

（二十一）加强组织领导。地方各级人民政府要把湿地保护纳入重要议事日程，实施湿地保护科学决策，及时解决重大问题。各地区各有关部门要认真履行各自职责，进一步完善综合协调、分部门实施的湿地保护管理体制，形成湿地保护合力，确保实现湿地保护修复的目标任务。强化军地协调配合，共同加强湿地保

护管理。（国家林业局牵头，国土资源部、环境保护部、水利部、农业部、国家海洋局等参与）

（二十二）加快法制建设。抓紧研究制订系统的湿地保护管理法律法规，切实保护好水、土地、野生动植物等资源，督促指导有关省份结合实际制定完善湿地保护与修复的地方法规。（国家林业局、国土资源部、环境保护部、水利部、农业部、国务院法制办、国家海洋局等按职责分工负责）

（二十三）加大资金投入力度。发挥政府投资的主导作用，形成政府投资、社会融资、个人投入等多渠道投入机制。通过财政贴息等方式引导金融资本加大支持力度，有条件的地方可研究给予风险补偿。探索建立湿地生态效益补偿制度，率先在国家级湿地自然保护区和国家重要湿地开展补偿试点。（国家林业局、国家发展改革委、财政部牵头，国土资源部、环境保护部、水利部、农业部、人民银行、银监会、国家海洋局等参与）

（二十四）完善科技支撑体系。加强湿地基础和应用科学研究，突出湿地与气候变化、生物多样性、水资源安全等关系研究。开展湿地保护与修复技术示范，在湿地修复关键技术上取得突破。建立湿地保护管理决策的科技支撑机制，提高科学决策水平。（国家林业局、环境保护部、水利部、农业部、国家海洋局等按职责分工负责）

（二十五）加强宣传教育。面向公众开展湿地科普宣传教育，利用互联网、移动媒体等手段，普及湿地科学知识，努力形成全社会保护湿地的良好氛围。抓好广大中小学生湿地保护知识教育，树立湿地保护意识。研究建立湿地保护志愿者制度，动员公众参与湿地保护和相关知识传播。（国家林业局、教育部、国土资源部、环境保护部、水利部、农业部、国家海洋局等按职责分工负责）

# 国家城市湿地公园
# 管理办法（试行）

建设部关于印发国家城市湿地公园管理办法（试行）的通知

建城〔2005〕16号

各省、自治区建设厅，直辖市、计划单列市园林局，新疆生产建设兵团建设局，解放军总后勤部营房部：

城市湿地是国家重要自然资源。为规范国家城市湿地公园的申请、设立以及保护管理工作，我部制定了《国家城市湿地公园管理办法）（试行），现予印发，请认真贯彻执行。执行中的问题，请及时与建设部城市建设司联系。

中华人民共和国建设部

二○○五年二月二日

第一条　为加强城市湿地公园的保护管理，维护生态平衡，营造优美舒适的人居环境，推动城市可持续发展，根据国家有关的法律法规规定，制定本办法。

第二条　本办法所称的湿地，是指天然或人工、长期或暂时之沼泽地、泥炭地，带有静止或流动的淡水、半咸水或咸水的水域地带，包括低潮位不超过6m的滨岸海域。

本办法所称的城市湿地公园，是指利用纳入城市绿地系统规划的适宜作为公园的天然湿地类型，通过合理的保护利用，形成保护、科普、休闲等功能于一体的公园。

**第三条** 具备下列条件的湿地，可以申请设立国家城市湿地公园：

（一）能供人们观赏、游览，开展科普教育和进行科学文化活动，并具有较高保护、观赏、文化和科学价值的；

（二）纳入城市绿地系统规划范围的；

（三）占地500亩以上能够作为公园的；

（四）具有天然湿地类型的，或具有一定的影响及代表性的。

**第四条** 国家城市湿地公园的申报，由城市人民政府提出，经省、自治区建设厅审查同意后，报建设部。

直辖市由市园林局组织进行审查，经市政府同意后，报建设部。

**第五条** 对于跨市、县的国家城市湿地公园的申报，由所在地人民政府协商一致后，由上一级人民政府提出申请。

**第六条** 申报国家城市湿地公园需提交下列材料：

（一）省、自治区建设行政主管部门或直辖市人民政府关于申报列为国家城市湿地公园的请示；

（二）城市湿地公园的资源调查评价报告；

（三）国家城市湿地公园申报书；

（四）城市湿地公园的位置图、地形图、资源分布图、土地利用现状图等资料；

（五）湿地现状以及重要资源的图纸、照片、影像和其他有关材料。

**第七条** 建设部接到申请后，组织专家进行实地考察评估；对符合标准的，由建设部批准设立为国家城市湿地公园。

第八条　已批准设立的国家城市湿地公园所在地县级以上人民政府应当组织园林、规划、国土资源等管理部门标明界区，设立界碑、标牌，搞好资源监测。

第九条　已批准设立的国家城市湿地公园所在地县级以上人民政府应当设立专门的管理机构，统一负责国家城市湿地公园的保护、利用和管理工作。

第十条　已批准设立的国家城市湿地公园需在一年内编制完成国家城市湿地公园规划，并划定绿线，严格保护。

国家城市湿地公园规划必须委托有相应资质等级的规划设计企业承担。

国家城市湿地公园规划必须纳入城市总体规划、城市绿地系统规划和城市控制性详细规划，并纳入强制性内容严格管理，任何单位和个人不得擅自变更。

第十一条　国家城市湿地公园应定期向建设部报告湿地资源保护、规划编制及实施等有关情况。

第十二条　国家城市湿地公园保护、利用应以维护湿地系统生态平衡，保护湿地功能和生物多样性，实现人居环境与自然环境的协调发展为目标，坚持"重在保护、生态优先、合理利用、良性发展"的方针，充分发挥城市湿地在改善生态环境、休闲和科普教育等方面的作用。

第十三条　国家城市湿地公园保护、利用应遵循下列原则：

（一）严格遵守国家与湿地有关法律、法规，认真执行国家有关政策；遵守《关于特别是作为水禽栖息地的国际重要湿地公约》的有关规定。

（二）坚持生态效益为主，维护生态平衡，保护湿地区域内生物多样性及湿地生态系统结构与功能的完整性与自然性。

（三）在全面保护的基础上，进行合理开发利用，充分发挥湿地的社会效益。湿地公园的建设以不破坏湿地的自然良性演替为前提。

**第十四条** 国家城市湿地公园以及保护地带的重要地段，不得设立开发区、度假区，不得出让土地，严禁出租转让湿地资源；禁止建设污染环境、破坏生态的项目和设施。

**第十五条** 城市湿地公园管理机构和有关部门应采取有力措施，严禁破坏水体，切实保护好动植物的生长条件和生存环境。

**第十六条** 禁止任何单位和个人在国家城市湿地公园内从事挖湖采沙、围护造田、开荒取土等改变地貌和破坏环境、景观的活动。

**第十七条** 对管理和保护不利，造成资源破坏，已不具备国家城市湿地公园条件的，由省、自治区建设厅或直辖市园林局报请建设部撤销其命名，并依法追究有关负责人的责任。

**第十八条** 本办法自颁布之日起执行。

# 国家湿地公园管理办法（试行）

国家林业局关于印发

《国家湿地公园管理办法（试行）》的通知

林湿发〔2010〕1号

各省、自治区、直辖市林业厅（局），内蒙古、吉林、龙江、大兴安岭森工（林业）集团公司，新疆生产建设兵团林业局，国家林业局各司局，各直属单位：

为进一步促进国家湿地公园健康发展，规范国家湿地公园建设和管理，我局研究制定了《国家湿地公园管理办法（试行）》，现印发给你们，请遵照执行。执行中有何意见和建议，请及时反馈我局。

二〇一〇年二月二十八日

**第一条** 为促进国家湿地公园健康发展，规范国家湿地公园建设和管理，根据国家有关规定，制定本办法。

国家湿地公园的建立、建设和管理应当遵守本办法。

**第二条** 湿地公园是指以保护湿地生态系统、合理利用湿地资源为目的，可供开展湿地保护、恢复、宣传、教育、科研、监测、生态旅游等活动的特定区域。

湿地公园建设是国家生态建设的重要组成部分，属社会公益事业。国家鼓励公民、法人和其他组织捐资或者志愿参与湿地公园保护工作。

**第三条** 国家林业局依照国家有关规定组织实施建立国家湿

地公园，并对其进行指导、监督和管理。

县级以上地方人民政府林业主管部门负责本辖区内国家湿地公园的指导和监督。

**第四条** 建设国家湿地公园，应当遵循"保护优先、科学修复、合理利用、持续发展"的基本原则。

**第五条** 国家湿地公园边界四至与自然保护区、森林公园等不得重叠或者交叉。

**第六条** 具备下列条件的，可建立国家湿地公园：

（一）湿地生态系统在全国或者区域范围内具有典型性；或者区域地位重要，湿地主体功能具有示范性；或者湿地生物多样性丰富；或者生物物种独特。

（二）自然景观优美和（或者）具有较高历史文化价值。

（三）具有重要或者特殊科学研究、宣传教育价值。

**第七条** 申请建立国家湿地公园的，应当提交如下材料：

（一）所在地县级以上（含县级）人民政府同意建立国家湿地公园的文件；跨行政区域的，需提交其同属上级人民政府同意建立国家湿地公园的文件。

（二）拟建国家湿地公园的总体规划及其电子文本。

（三）拟建国家湿地公园管理机构的证明文件或者承诺建立机构的文件。

（四）县级以上人民政府出具的拟建国家湿地公园土地权属清晰、无争议，以及相关权利人同意纳入湿地公园管理的证明文件。

（五）县级以上人民政府出具的拟建国家湿地公园相关利益主体无争议的证明材料。

（六）反映拟建国家湿地公园现状的图片资料和影像资料。

（七）所在地省级林业主管部门出具的申请文件、申报书，以及对总体规划的专家评审意见。

第八条　建立国家湿地公园由省级林业主管部门向国家林业局提出申请。

国家林业局对申请材料进行审核，对申请材料符合要求的，组织专家进行实地考察，并提交考察报告。

申报单位应根据专家实地考察报告组织对湿地公园总体规划进行修改和完善，并报国家林业局审查备案。

对通过专家实地考察论证和国家林业局初步审核符合条件的，由国家林业局在拟建国家湿地公园所在地进行公示。

第九条　对完成国家湿地公园试点建设的，由省级林业主管部门提出申请，国家林业局组织验收。对验收合格的，授予国家湿地公园称号；对验收不合格的，令其限期整改；整改仍不合格的，取消其试点资格。

第十条　国家湿地公园采取下列命名方式：

省（自治区、直辖市）名称 湿地名 国家湿地公园。

第十一条　国家湿地公园应当按照总体规划确定的范围进行标桩定界，任何单位和个人不得擅自改变和挪动界标。

第十二条　国家湿地公园所在地县级以上地方人民政府应当设立专门的管理机构，统一负责国家湿地公园的保护管理工作。

国家湿地公园管理机构的管理和技术人员应当经过必要的岗位培训。

第十三条　国家湿地公园总体规划应当由具有相应资质的单位参照有关规定编制。

国家湿地公园的撤销、范围的变更，须经国家林业局审批。

第十四条　国家湿地公园可分为湿地保育区、恢复重建区、宣教展示区、合理利用区和管理服务区等，实行分区管理。

湿地保育区除开展保护、监测等必需的保护管理活动外，不得进行任何与湿地生态系统保护和管理无关的其他活动。恢复重建区仅能开展培育和恢复湿地的相关活动。宣教展示区可开展以生态展示、科普教育为主的活动。合理利用区可开展不损害湿地生态系统功能的生态旅游等活动。管理服务区可开展管理、接待和服务等活动。

**第十五条** 国家湿地公园应当设置宣教设施，建立和完善解说系统，宣传湿地功能和价值，提高公众的湿地保护意识。

鼓励国家湿地公园定期向中小学生免费开放。

**第十六条** 国家湿地公园管理机构应当定期组织开展湿地资源调查和动态监测，建立档案，并根据监测情况采取相应的保护管理措施。

**第十七条** 禁止擅自占用、征用国家湿地公园的土地。确需占用、征用的，用地单位应当征求国家林业局意见后，方可依法办理相关手续。

**第十八条** 除国家另有规定外，国家湿地公园内禁止下列行为：

（一）开（围）垦湿地、开矿、采石、取土、修坟以及生产性放牧等。

（二）从事房地产、度假村、高尔夫球场等任何不符合主体功能定位的建设项目和开发活动。

（三）商品性采伐林木。

（四）猎捕鸟类和捡拾鸟卵等行为。

**第十九条** 国家林业局依照国家有关规定组织开展国家湿地公园的检查评估工作。对不合格的，责令其限期整改。整改仍不合格的，取消其"国家湿地公园"称号。

**第二十条** 本办法自发布之日起试行。

# 中华人民共和国风景名胜区条例

中华人民共和国国务院令

第 474 号

《风景名胜区条例》已经 2006 年 9 月 6 日国务院第 149 次常务会议通过，现予公布，自 2006 年 12 月 1 日起施行。

总理 温家宝

二〇〇六年九月十九日

## 第一章 总 则

**第一条** 为了加强对风景名胜区的管理，有效保护和合理利用风景名胜资源，制定本条例。

**第二条** 风景名胜区的设立、规划、保护、利用和管理，适用本条例。

本条例所称风景名胜区，是指具有观赏、文化或者科学价值，自然景观、人文景观比较集中，环境优美，可供人们游览或者进行科学、文化活动的区域。

**第三条** 国家对风景名胜区实行科学规划、统一管理、严格保护、永续利用的原则。

**第四条** 风景名胜区所在地县级以上地方人民政府设置的风景名胜区管理机构，负责风景名胜区的保护、利用和统一管理工作。

**第五条** 国务院建设主管部门负责全国风景名胜区的监督管理工作。国务院其他有关部门按照国务院规定的职责分工，负责风景名胜区的有关监督管理工作。

省、自治区人民政府建设主管部门和直辖市人民政府风景名胜区主管部门，负责本行政区域内风景名胜区的监督管理工作。省、自治区、直辖市人民政府其他有关部门按照规定的职责分工，负责风景名胜区的有关监督管理工作。

**第六条** 任何单位和个人都有保护风景名胜资源的义务，并有权制止、检举破坏风景名胜资源的行为。

# 第二章 设 立

**第七条** 设立风景名胜区，应当有利于保护和合理利用风景名胜资源。

新设立的风景名胜区与自然保护区不得重合或者交叉；已设立的风景名胜区与自然保护区重合或者交叉的，风景名胜区规划与自然保护区规划应当相协调。

**第八条** 风景名胜区划分为国家级风景名胜区和省级风景名胜区。

自然景观和人文景观能够反映重要自然变化过程和重大历史文化发展过程，基本处于自然状态或者保持历史原貌，具有国家代表性的，可以申请设立国家级风景名胜区；具有区域代表性的，可以申请设立省级风景名胜区。

　　**第九条**　申请设立风景名胜区应当提交包含下列内容的有关材料：

　　（一）风景名胜资源的基本状况；

　　（二）拟设立风景名胜区的范围以及核心景区的范围；

　　（三）拟设立风景名胜区的性质和保护目标；

　　（四）拟设立风景名胜区的游览条件；

　　（五）与拟设立风景名胜区内的土地、森林等自然资源和房屋等财产的所有权人、使用权人协商的内容和结果。

　　**第十条**　设立国家级风景名胜区，由省、自治区、直辖市人民政府提出申请，国务院建设主管部门会同国务院环境保护主管部门、林业主管部门、文物主管部门等有关部门组织论证，提出审查意见，报国务院批准公布。

　　设立省级风景名胜区，由县级人民政府提出申请，省、自治区人民政府建设主管部门或者直辖市人民政府风景名胜区主管部门，会同其他有关部门组织论证，提出审查意见，报省、自治区、直辖市人民政府批准公布。

　　**第十一条**　风景名胜区内的土地、森林等自然资源和房屋等财产的所有权人、使用权人的合法权益受法律保护。

　　申请设立风景名胜区的人民政府应当在报请审批前，与风景名胜区内的土地、森林等自然资源和房屋等财产的所有权人、使用权人充分协商。

　　因设立风景名胜区对风景名胜区内的土地、森林等自然资源和房屋等财产的所有权人、使用权人造成损失的，应当依法给予补偿。

# 第三章　规　划

　　**第十二条**　风景名胜区规划分为总体规划和详细规划。

第十三条　风景名胜区总体规划的编制，应当体现人与自然和谐相处、区域协调发展和经济社会全面进步的要求，坚持保护优先、开发服从保护的原则，突出风景名胜资源的自然特性、文化内涵和地方特色。

风景名胜区总体规划应当包括下列内容：

（一）风景资源评价；

（二）生态资源保护措施、重大建设项目布局、开发利用强度；

（三）风景名胜区的功能结构和空间布局；

（四）禁止开发和限制开发的范围；

（五）风景名胜区的游客容量；

（六）有关专项规划。

第十四条　风景名胜区应当自设立之日起2年内编制完成总体规划。总体规划的规划期一般为20年。

第十五条　风景名胜区详细规划应当根据核心景区和其他景区的不同要求编制，确定基础设施、旅游设施、文化设施等建设项目的选址、布局与规模，并明确建设用地范围和规划设计条件。

风景名胜区详细规划，应当符合风景名胜区总体规划。

第十六条　国家级风景名胜区规划由省、自治区人民政府建设主管部门或者直辖市人民政府风景名胜区主管部门组织编制。

省级风景名胜区规划由县级人民政府组织编制。

第十七条　编制风景名胜区规划，应当采用招标等公平竞争的方式选择具有相应资质等级的单位承担。

风景名胜区规划应当按照经审定的风景名胜区范围、性质和保护目标，依照国家有关法律、法规和技术规范编制。

第十八条　编制风景名胜区规划，应当广泛征求有关部门、公众和专家的意见；必要时，应当进行听证。

风景名胜区规划报送审批的材料应当包括社会各界的意见以及意见采纳的情况和未予采纳的理由。

第十九条　国家级风景名胜区的总体规划，由省、自治区、直辖市人民政府审查后，报国务院审批。

国家级风景名胜区的详细规划，由省、自治区人民政府建设主管部门或者直辖市人民政府风景名胜区主管部门报国务院建设主管部门审批。

第二十条　省级风景名胜区的总体规划，由省、自治区、直辖市人民政府审批，报国务院建设主管部门备案。

省级风景名胜区的详细规划，由省、自治区人民政府建设主管部门或者直辖市人民政府风景名胜区主管部门审批。

第二十一条　风景名胜区规划经批准后，应当向社会公布，任何组织和个人有权查阅。

风景名胜区内的单位和个人应当遵守经批准的风景名胜区规划，服从规划管理。

风景名胜区规划未经批准的，不得在风景名胜区内进行各类建设活动。

第二十二条　经批准的风景名胜区规划不得擅自修改。确需对风景名胜区总体规划中的风景名胜区范围、性质、保护目标、生态资源保护措施、重大建设项目布局、开发利用强度以及风景名胜区的功能结构、空间布局、游客容量进行修改的，应当报原审批机关批准；对其他内容进行修改的，应当报原审批机关备案。

风景名胜区详细规划确需修改的，应当报原审批机关批准。

政府或者政府部门修改风景名胜区规划对公民、法人或者其他组织造成财产损失的，应当依法给予补偿。

第二十三条　风景名胜区总体规划的规划期届满前2年，规划的组织编制机关应当组织专家对规划进行评估，作出是否重新编制规划的决定。在新规划批准前，原规划继续有效。

# 第四章　保　护

**第二十四条**　风景名胜区内的景观和自然环境，应当根据可持续发展的原则，严格保护，不得破坏或者随意改变。

风景名胜区管理机构应当建立健全风景名胜资源保护的各项管理制度。

风景名胜区内的居民和游览者应当保护风景名胜区的景物、水体、林草植被、野生动物和各项设施。

**第二十五条**　风景名胜区管理机构应当对风景名胜区内的重要景观进行调查、鉴定，并制定相应的保护措施。

**第二十六条**　在风景名胜区内禁止进行下列活动：

（一）开山、采石、开矿、开荒、修坟立碑等破坏景观、植被和地形地貌的活动；

（二）修建储存爆炸性、易燃性、放射性、毒害性、腐蚀性物品的设施；

（三）在景物或者设施上刻划、涂污；

（四）乱扔垃圾。

**第二十七条**　禁止违反风景名胜区规划，在风景名胜区内设立各类开发区和在核心景区内建设宾馆、招待所、培训中心、疗养院以及与风景名胜资源保护无关的其他建筑物；已经建设的，应当按照风景名胜区规划，逐步迁出。

**第二十八条**　在风景名胜区内从事本条例第二十六条、第二十七条禁止范围以外的建设活动，应当经风景名胜区管理机构审核后，依照有关法律、法规的规定办理审批手续。

在国家级风景名胜区内修建缆车、索道等重大建设工程，项目的选址方案应当报国务院建设主管部门核准。

**第二十九条** 在风景名胜区内进行下列活动，应当经风景名胜区管理机构审核后，依照有关法律、法规的规定报有关主管部门批准：

（一）设置、张贴商业广告；

（二）举办大型游乐等活动；

（三）改变水资源、水环境自然状态的活动；

（四）其他影响生态和景观的活动。

**第三十条** 风景名胜区内的建设项目应当符合风景名胜区规划，并与景观相协调，不得破坏景观、污染环境、妨碍游览。

在风景名胜区内进行建设活动的，建设单位、施工单位应当制定污染防治和水土保持方案，并采取有效措施，保护好周围景物、水体、林草植被、野生动物资源和地形地貌。

**第三十一条** 国家建立风景名胜区管理信息系统，对风景名胜区规划实施和资源保护情况进行动态监测。

国家级风景名胜区所在地的风景名胜区管理机构应当每年向国务院建设主管部门报送风景名胜区规划实施和土地、森林等自然资源保护的情况；国务院建设主管部门应当将土地、森林等自然资源保护的情况，及时抄送国务院有关部门。

# 第五章 利用和管理

**第三十二条** 风景名胜区管理机构应当根据风景名胜区的特点，保护民族民间传统文化，开展健康有益的游览观光和文化娱乐活动，普及历史文化和科学知识。

**第三十三条** 风景名胜区管理机构应当根据风景名胜区规划，

合理利用风景名胜资源，改善交通、服务设施和游览条件。

风景名胜区管理机构应当在风景名胜区内设置风景名胜区标志和路标、安全警示等标牌。

第三十四条　风景名胜区内宗教活动场所的管理，依照国家有关宗教活动场所管理的规定执行。

风景名胜区内涉及自然资源保护、利用、管理和文物保护以及自然保护区管理的，还应当执行国家有关法律、法规的规定。

第三十五条　国务院建设主管部门应当对国家级风景名胜区的规划实施情况、资源保护状况进行监督检查和评估。对发现的问题，应当及时纠正、处理。

第三十六条　风景名胜区管理机构应当建立健全安全保障制度，加强安全管理，保障游览安全，并督促风景名胜区内的经营单位接受有关部门依据法律、法规进行的监督检查。

禁止超过允许容量接纳游客和在没有安全保障的区域开展游览活动。

第三十七条　进入风景名胜区的门票，由风景名胜区管理机构负责出售。门票价格依照有关价格的法律、法规的规定执行。

风景名胜区内的交通、服务等项目，应当由风景名胜区管理机构依照有关法律、法规和风景名胜区规划，采用招标等公平竞争的方式确定经营者。

风景名胜区管理机构应当与经营者签订合同，依法确定各自的权利义务。经营者应当缴纳风景名胜资源有偿使用费。

第三十八条　风景名胜区的门票收入和风景名胜资源有偿使用费，实行收支两条线管理。

风景名胜区的门票收入和风景名胜资源有偿使用费应当专门用于风景名胜资源的保护和管理以及风景名胜区内财产的所有权人、使用权人损失的补偿。具体管理办法，由国务院财政部门、价格主管部门会同国务院建设主管部门等有关部门制定。

第三十九条　风景名胜区管理机构不得从事以营利为目的的经营活动，不得将规划、管理和监督等行政管理职能委托给企业或者个人行使。

风景名胜区管理机构的工作人员，不得在风景名胜区内的企业兼职。

# 第六章　法律责任

第四十条　违反本条例的规定，有下列行为之一的，由风景名胜区管理机构责令停止违法行为、恢复原状或者限期拆除，没收违法所得，并处50万元以上100万元以下的罚款：

（一）在风景名胜区内进行开山、采石、开矿等破坏景观、植被、地形地貌的活动的；

（二）在风景名胜区内修建储存爆炸性、易燃性、放射性、毒害性、腐蚀性物品的设施的；

（三）在核心景区内建设宾馆、招待所、培训中心、疗养院以及与风景名胜资源保护无关的其他建筑物的。

县级以上地方人民政府及其有关主管部门批准实施本条第一款规定的行为的，对直接负责的主管人员和其他直接责任人员依法给予降级或者撤职的处分；构成犯罪的，依法追究刑事责任。

第四十一条　违反本条例的规定，在风景名胜区内从事禁止范围以外的建设活动，未经风景名胜区管理机构审核的，由风景名胜区管理机构责令停止建设、限期拆除，对个人处2万元以上5万元以下的罚款，对单位处20万元以上50万元以下的罚款。

第四十二条　违反本条例的规定，在国家级风景名胜区内修建缆车、索道等重大建设工程，项目的选址方案未经国务院建设主管部门核准，县级以上地方人民政府有关部门核发选址意见书的，对直接负责的主管人员和其他直接责任人员依法给予处分；构成犯罪的，依法追究刑事责任。

**第四十三条** 违反本条例的规定，个人在风景名胜区内进行开荒、修坟立碑等破坏景观、植被、地形地貌的活动的，由风景名胜区管理机构责令停止违法行为、限期恢复原状或者采取其他补救措施，没收违法所得，并处1000元以上1万元以下的罚款。

**第四十四条** 违反本条例的规定，在景物、设施上刻划、涂污或者在风景名胜区内乱扔垃圾的，由风景名胜区管理机构责令恢复原状或者采取其他补救措施，处50元的罚款；刻划、涂污或者以其他方式故意损坏国家保护的文物、名胜古迹的，按照治安管理处罚法的有关规定予以处罚；构成犯罪的，依法追究刑事责任。

**第四十五条** 违反本条例的规定，未经风景名胜区管理机构审核，在风景名胜区内进行下列活动的，由风景名胜区管理机构责令停止违法行为、限期恢复原状或者采取其他补救措施，没收违法所得，并处5万元以上10万元以下的罚款；情节严重的，并处10万元以上20万元以下的罚款：

（一）设置、张贴商业广告的；

（二）举办大型游乐等活动的；

（三）改变水资源、水环境自然状态的活动的；

（四）其他影响生态和景观的活动。

**第四十六条** 违反本条例的规定，施工单位在施工过程中，对周围景物、水体、林草植被、野生动物资源和地形地貌造成破坏的，由风景名胜区管理机构责令停止违法行为、限期恢复原状或者采取其他补救措施，并处2万元以上10万元以下的罚款；逾期未恢复原状或者采取有效措施的，由风景名胜区管理机构责令停止施工。

第四十七条 违反本条例的规定，国务院建设主管部门、县级以上地方人民政府及其有关主管部门有下列行为之一的，对直接负责的主管人员和其他直接责任人员依法给予处分；构成犯罪的，依法追究刑事责任：

（一）违反风景名胜区规划在风景名胜区内设立各类开发区的；

（二）风景名胜区自设立之日起未在 2 年内编制完成风景名胜区总体规划的；

（三）选择不具有相应资质等级的单位编制风景名胜区规划的；

（四）风景名胜区规划批准前批准在风景名胜区内进行建设活动的；

（五）擅自修改风景名胜区规划的；

（六）不依法履行监督管理职责的其他行为。

第四十八条 违反本条例的规定，风景名胜区管理机构有下列行为之一的，由设立该风景名胜区管理机构的县级以上地方人民政府责令改正；情节严重的，对直接负责的主管人员和其他直接责任人员给予降级或者撤职的处分；构成犯罪的，依法追究刑事责任：

（一）超过允许容量接纳游客或者在没有安全保障的区域开展游览活动的；

（二）未设置风景名胜区标志和路标、安全警示等标牌的；

（三）从事以营利为目的的经营活动的；

（四）将规划、管理和监督等行政管理职能委托给企业或者个人行使的；

（五）允许风景名胜区管理机构的工作人员在风景名胜区内的

企业兼职的；

（六）审核同意在风景名胜区内进行不符合风景名胜区规划的建设活动的；

（七）发现违法行为不予查处的。

**第四十九条** 本条例第四十条第一款、第四十一条、第四十三条、第四十四条、第四十五条、第四十六条规定的违法行为，依照有关法律、行政法规的规定，有关部门已经予以处罚的，风景名胜区管理机构不再处罚。

**第五十条** 本条例第四十条第一款、第四十一条、第四十三条、第四十四条、第四十五条、第四十六条规定的违法行为，侵害国家、集体或者个人的财产的，有关单位或者个人应当依法承担民事责任。

**第五十一条** 依照本条例的规定，责令限期拆除在风景名胜区内违法建设的建筑物、构筑物或者其他设施的，有关单位或者个人必须立即停止建设活动，自行拆除；对继续进行建设的，作出责令限期拆除决定的机关有权制止。有关单位或者个人对责令限期拆除决定不服的，可以在接到责令限期拆除决定之日起 15 日内，向人民法院起诉；期满不起诉又不自行拆除的，由作出责令限期拆除决定的机关依法申请人民法院强制执行，费用由违法者承担。

# 第七章　附　则

**第五十二条** 本条例自 2006 年 12 月 1 日起施行。1985 年 6 月 7 日国务院发布的《风景名胜区管理暂行条例》同时废止。

# 附 录

## 风景名胜区环境卫生管理标准

关于印发《风景名胜区环境卫生管理标准》的通知

(1992 年 11 月 16 日建设部建城字第 812 号文发布)

各省、自治理区、直辖市建委（建设厅），北京市市政管理委员会，各计划单列市建委：

　　为进一步加强风景名胜区环境卫生管理工作，开展风景名胜区环境卫生管理达标活动，创造良好的游览环境，促进风景名胜区事业的发展，我部组织制定了〈风景名胜区环境卫生管理标准〉，现印发给你们，请结合本地区实际情况贯彻执行。

中华人民共和国建设部

一九九二年十一月十六日

一、组织管理

1. 风景名胜区主管单位设有环境卫生管理机构，根据国家有关规定，负责风景名胜区的环境卫生和饮食服务卫生管理工作。

2. 按照国务院《风景名胜区管理暂行条例》和有关环境卫生法规，制定出环境卫生管理办法和工作制度。

3. 有环境卫生专业队伍，负责环境卫生清扫、垃圾粪便的处理以及对游人污染环境行为的管理。

二、环境卫生管理

1. 风景名胜区内按规划设置公共厕所、垃圾箱、果皮箱等公共设施。定期清理、保持清洁卫生。

2. 主要景点的公共厕所为深坑无害化厕所或水冲厕所，并有专人管理。做到基本无臭味、无蚊蝇、无蛆虫、无随地便溺现象。

3. 妥善处理粪便、污水，对垃圾等废弃物做到日产日清，对粪便和垃圾要设立处理场。

4. 风景名胜区的废水、废气、废渣等有害物质要按国家有关标准经过处理后排放，无随意排污现象。

5. 风景名胜区内道路完好、清洁。

6. 主要游览区无牲畜粪便，绿地中无垃圾和其它废弃物。

7. 驻景区单位、住户落实"门前三包"，经常保持周围环境整洁。门前无乱搭、乱建、乱堆、乱挂。

8、驻景区居民有良好的卫生习惯，不随地吐痰，不乱丢污物，不乱倒垃圾，不乱泼污水，不随地大、小便。

三、容貌管理

1. 各类自然景物、人文景物保存完好，无破败荒芜现象，周围环境经常保持整洁、清新，无损伤景物、污染环境和影响观瞻现象。

2. 景区内的道路、公共场地上无违章堆物、搭建，施工场地围栏作业，做到工完场清。

3. 景区内供游人游览、休息的设施、建筑物保持完好、整洁、无残墙断壁。景点的山石、树木以及各处墙壁上无乱刻、乱画、任意钉凿、涂抹迹象。

4. 景区内的景点介绍说明牌、标志牌需在指定地点设置。做到定期维修、油饰，保持图文清晰，清洁美观。

5. 景区河、湖等各种水域无倾倒废弃物和超标排放污水现象。做到定期疏浚，保持水流畅通、水面清洁。

6. 景区内的工作人员及从业人员仪表端庄，衣着整洁。

四、行业卫生管理

1. 风景名胜区内各行各业环境清洁卫生，室外绿化、美化，室内地面、四壁、顶棚清洁，食堂卫生，厕所内外干净，粪便清运及时。

2. 饮食服务行业和食品加工单位严格执行《食品卫生法》及有关卫生管理条例，不出售有害、有毒、受污染以及腐烂变质食品，无鼠害、虫害污染。经县级以上卫生防疫部门检验，卫生合格率达百分之九十以上；餐具、茶具消毒合格率达百分之九十五以上。

3. 饮用水要经过消毒、净化，达到国家生活饮用水标准。

4. 旅馆、招待所、客房各类用具有清洗消毒作业制度，室内无苍蝇、臭虫、虱子、跳蚤、蟑螂，被单、褥单、枕加一客一换。

5. 个体摊贩要定点挂证经营，商品摆放整齐，经常保持摊位及周围清洁，无尘土污染和虫蝇。

6. 经允许进入景区的车、船等交通运输工具保持整洁容貌，无漏油、排污等影响环境卫生现象。

# 地质遗迹保护管理规定

（一九九五年五月四日地质矿产部第二十一号令发布）

## 第一章　总　则

**第一条**　为加强对地质遗迹的管理，使其得到有效的保护及合理利用，根据《中华人民共和国环境保护法》、《中华人民共和国矿产资源法》及《中华人民共和国自然保护区条例》，制定本规定。

**第二条**　本规定适用于中华人民共和国领域及管辖海域内的各类地质遗迹。

**第三条**　本规定中所称地质遗迹，是指在地球演化的漫长地质历史时期，由于各种内外动力地质作用，形成、发展并遗留下来的珍贵的、不可再生的地质自然遗产。

**第四条**　被保护的地质遗迹是国家的宝贵财富，任何单位和个人不得破坏、挖掘、买卖或以其他形式转让。

**第五条**　地质遗迹的保护是环境保护的一部分，应实行"积极保护、合理开发"的原则。

**第六条**　国务院地质矿产行政主管部门在国务院环境保护行政主管部门协助下，对全国地质遗迹保护实施监督管理。县级以上人民政府地质矿产行政主管部门在同级环境保护行政主管部门协助下，对本辖区内的地质遗迹保护实施监督管理。

## 第二章　地质遗迹的保护内容

**第七条**　下列地质遗迹应当予以保护：

一、对追溯地质历史具有重大科学研究价值的典型层型剖面

（含副层型剖面）、生物化石组合带地层剖面，岩性岩相建造剖面及典型地质构造剖面和构造形迹。

二、对地质演化和生物进行具有重要科学文化价值的古人类与古脊椎动物、无脊椎动物、微体古生物、古植物等化石与产地以及重要古生物活动遗迹。

三、具有重大科学研究和观赏价值的岩溶、丹霞、黄土、雅丹、花岗岩奇峰、石英砂岩峰林、火山、冰山、陨石、鸣沙、海岸等奇特地质景观。

四、具有特殊学科研究和观赏价值的岩石、矿物、宝玉石及其他典型产地。

五、有独特医疗、保健作用或科学研究价值和温泉、矿泉、矿泥、地下水活动痕迹以及有特殊地质意义的瀑布、湖泊、奇泉。

六、具有科学研究意义的典型地震、地裂、塌陷、沉降、崩塌、滑坡、泥石流等地质灾害遗迹。

七、需要保护的其他地质遗迹。

## 第三章　地质遗迹的保护区的建设

**第八条**　对具有国际、国内和区域性典型意义的地质遗迹，可建立国家级、省级、县级地质遗迹保护段、地质遗迹保护点或地质公园，以下统称地质遗迹保护区。

**第九条**　地质遗迹保护区的分级标准：

国家级：

一、能为一个大区域甚至全球演化过程中某一重大地质历史事件或演化阶段提供重要地质证据的地质遗迹。

二、具有国际或国内大区域地层（构造）对比意义的典型剖面、化石及产地。

三、具有国际或国内典型地学意义的地质景观或现象。

省级：

一、能为区域地质历史演化阶段提供重要地质证据的地质遗迹。

二、有区域地层（构造）对比意义的典型剖面、化石及产地。

三、在地学分区及分类上，具有代表性或较高历史、文化、旅游价值的地质景观。

县级：

一、在本县的范围内具有科学研究价值的典型剖面、化石产地。

二、在小区域内具有特色的地质景观或地质现象。

**第十条**　地质遗迹保护区的申报和审批：

国家级地质遗迹保护区的建立，由国务院地质矿产行政主管部门或地质遗迹所在地的省、自治区、直辖市人民政府提出申请，经国家级自然保护区评审委员评审后，由国务院环境保护行政主管部门审查并签署意见，报国务院批准、公布。

对拟列入世界自然遗产名册的国家级地质遗迹保护区，由国务院地质矿产行政主管部门向国务院有关行政主管部门申报。

省级地质遗迹保护区的建立，由地质遗迹所在地的地（市）、县（市）人民政府或同级地质矿产行政主管部门提出申请，经省级自然保护区评审委员会评审后，由省、自治区、直辖市人民政府环境保护行政主管部门审查并签署意见，报省、自治区、直辖市人民政府批准、公布。

县级地质遗迹保护区的建立，由地质遗迹所在地的县级人民政府地质矿产行政主管部门提出申请，经县级自然保护区评审委员会评审后，由县（市）人民政府环境保护行政主管部门审查并签署意见，报县（市）级人民政府批准、公布。

跨两个以上行政区域的地质遗迹的地质保护区的建立，由有关行政区域的人民政府或同级地质矿产行政主管部门协商一致后提出申请，按照前三款规定的程序审批。

**第十一条** 保护程度的划分：

对保护区内的地质遗迹可分别实施一级保护、二级保护和三级保护。

一级保护：对国际或国内具有极为罕见和重要科学价值的地质遗迹实施一级保护，非经批准不得入内。经设立该级地质遗迹保护区的人民政府地质矿产行政主管部门批准，可组织进行参观、科研或国际间交往。

二级保护：对大区域范围内具有重要科学价值的地质遗迹实施二级保护。经设立该级地质遗迹保护区的人民政府地质矿产行政主管部门批准，可有组织地进行科研、教学、学术交流及适当的旅游活动。

三级保护：对具一定价值的地质遗迹实施三级保护。经设立该级地质遗迹保护区的人民政府地质矿产行政主管部门批准，可组织开展旅游活动。

## 第四章　地质遗迹保护区的管理

**第十二条** 国务院地质矿产行政主管部门拟定国家地质遗迹保护区发展规划，经国务院环境保护行政主管部门审查签署意见，由国务院计划部门综合平衡后报国务院批准实施。县级以上人民政府地质矿产行政主管部门拟定本辖区内地质遗迹保护区发展规划，经同级环境保护行政主管部门审查签署意见，由同级计划部门综合平衡后报同级人民政府批准实施。

**第十三条** 建立地质遗迹保护区应当兼顾保护对象的完整性及当地经济建设和群众生产、生活的需要。

**第十四条** 地质遗迹保护区的范围和界限由批准建立该保护

区的人民政府确定、埋设固定标志并发布公告。未经原审批机关批准，任何单位和个人不得擅自移动、变更碑石、界标。

**第十五条** 地质遗迹保护区的管理可采取以下形式：

对独立存在的地质遗迹保护区，保护区所在地人民政府地质矿产行政主管部门应对其进行管理。

对于分布在其它类型自然保护区的地质遗迹保护区，保护区所在地质矿产行政主管部门，应根据地质遗迹保护区审批机关提出的保护要求，在原自然保护区管理机构的协助下，对地质遗迹保护区实施管理。

**第十六条** 地质遗迹保护区管理机构的主要职责：

一、贯彻执行国家有关地质遗迹保护的方针、政策和法律、法规。

二、制定管理制度，管理在保护区内从事的各项活动，包括开展有关科研、教学、旅游等活动。

三、对保护的内容进行监测、维护，防止遗迹被破坏和污染。

四、开展地质遗迹保护的宣传、教育活动。

**第十七条** 任何单位和个人不得在保护区内及可能对地质遗迹造成影响的一定范围内进行采石、取土、开矿、放牧、砍伐以及其它对保护对象有损害的活动。未经管理机构批准，不得在保护区范围内采集标本和化石。

**第十八条** 不得在保护区内修建与地质遗迹保护无关的厂房或其他建筑设施；对已建成并可能对地质遗迹造成污染或破坏的设施，应限期治理或停业外迁。

**第十九条** 管理机构可根据地质遗迹的保护程度，批准单位或个人在保护工区范围内从事科研、教学及旅游活动。所取得的科研成果应向地质遗迹保护管理机构提交副本存档。

## 第五章 法律责任

**第二十条** 有下列行为之一者，地质遗迹保护区管理机构可根据《中华人民共和国自然保护区条例》的有关规定，视不同情节，分别给予警告、罚款、没收非法所得，并责令赔偿损失。

一、违反本规定第十四条，擅自移动和破坏碑石、界标的；

二、违反本规定第十七条，进行采石、取土、开矿、放牧、砍伐以及采集标本化石的；

三、违反本规定第十八条，对地质遗迹造成污染和破坏的；

四、违反本规定第十九条，不服从保护区管理机构管理以及从事科研活动未向管理单位提交研究成果副本的。

**第二十一条** 对管理人员玩忽职守、监守自盗，破坏遗迹者，上级行政主管部门应给予行政处分，构成犯罪的依法追究刑事责任。

**第二十二条** 当事人对行政处罚决定不服的，可以提起行政复议和行政诉讼。

## 第六章 附 则

**第二十三条** 本规定由地质矿产部负责解释。

**第二十四条** 各省、自治区、直辖市人民政府地质矿产行政主管部门可根据本规定制定地方实施细则。

**第二十五条** 本规定自颁布之日起施行。

# 国家级森林公园管理办法

## 中华人民共和国国家林业局令

## 第 27 号

《国家级森林公园管理办法》已经 2011 年 4 月 12 日国家林业局局务会议审议通过，现予以公布，自 2011 年 8 月 1 日起施行。

国家林业局局长

二〇一一年五月二十日

**第一条** 为了规范国家级森林公园管理，保护和合理利用森林风景资源，发展森林生态旅游，促进生态文明建设，制定本办法。

**第二条** 国家级森林公园的管理，适用本办法。

国家级森林公园的设立、撤销、合并、改变经营范围或者变更隶属关系，依照《国家级森林公园设立、撤销、合并、改变经营范围或者变更隶属关系审批管理办法》的有关规定办理。

**第三条** 国家林业局主管全国国家级森林公园的监督管理工作。

县级以上地方人民政府林业主管部门主管本行政区域内国家级森林公园的监督管理工作。

**第四条** 县级以上地方人民政府林业主管部门应当指导本行政区域内的国家级森林公园经营管理机构配备管理和技术人员，负责森林风景资源的保护和利用。

第五条　国家级森林公园的主体功能是保护森林风景资源和生物多样性、普及生态文化知识、开展森林生态旅游。

国家级森林公园的建设和经营应当遵循"严格保护、科学规划、统一管理、合理利用、协调发展"的原则。

第六条　国家级森林公园总体规划是国家级森林公园建设经营和监督管理的依据。任何单位或者个人不得违反国家级森林公园总体规划从事森林公园的建设和经营。

第七条　国家级森林公园应当自批准设立之日起 18 个月内，编制完成国家级森林公园总体规划；国家级森林公园合并或者改变经营范围的，应当自批准之日起 12 个月内修改完成总体规划。

国家级森林公园总体规划的规划期一般为 10 年。

第八条　国家级森林公园总体规划，应当突出森林风景资源的自然特性、文化内涵和地方特色，并符合下列要求：

（一）充分保护森林风景资源、生物多样性和现有森林植被；

（二）充分展示和传播生态文化知识，增强公众生态文明道德意识；

（三）便于森林生态旅游活动的组织与开展，以及公众对自然与环境的充分体验；

（四）以自然景观为主，严格控制人造景点的设置；

（五）严格控制滑雪场、索道等对景观和环境有较大影响的项目建设。

国家级森林公园总体规划还应当包括森林生态旅游、森林防火、旅游安全等专项规划。

第九条　已建国家级森林公园的范围与国家级自然保护区重合或者交叉的，国家级森林公园总体规划应当与国家级自然保护区总体规划相互协调；对重合或者交叉区域，应当按照自然保护区有关法律法规管理。

**第十条** 国家级森林公园总体规划，应当委托具有相应资质的单位，按照有关标准和规程编制。

编制国家级森林公园总体规划，应当广泛征求有关部门、公众和专家的意见；报送审核（批）国家级森林公园总体规划时应当对征求意见及其采纳情况进行说明。

**第十一条** 国家级森林公园总体规划，由省、自治区、直辖市林业主管部门组织专家评审并审核后，报国家林业局批准。

经批准的国家级森林公园总体规划 5 年内不得修改；因国家或者省级重点工程建设需要修改的，应当报国家林业局同意。

在国家级森林公园设立后、总体规划批准前，不得在森林公园内新建永久性建筑、构筑物等人工设施。

**第十二条** 国家林业局批准的国家级森林公园总体规划，应当自批准之日起 30 日内予以公开，公众有权查阅。

**第十三条** 国家级森林公园内的建设项目应当符合总体规划的要求，其选址、规模、风格和色彩等应当与周边景观与环境相协调，相应的废水、废物处理和防火设施应当同时设计、同时施工、同时使用。

国家级森林公园内已建或者在建的建设项目不符合总体规划要求的，应当按照总体规划逐步进行改造、拆除或者迁出。

在国家级森林公园内进行建设活动的，应当采取措施保护景观和环境；施工结束后，应当及时整理场地，美化绿化环境。

**第十四条** 国家级森林公园经营管理机构应当依法编制并组织实施森林经营方案，加强森林公园内森林、林木的保护、培育和管理。

因提高森林风景资源质量或者开展森林生态旅游的需要，可以对国家级森林公园内的林木进行抚育和更新性质的采伐。

**第十五条** 严格控制建设项目使用国家级森林公园林地，但是因保护森林及其他风景资源、建设森林防火设施和林业生态文化示范基地、保障游客安全等直接为林业生产服务的工程设施除外。

建设项目确需使用国家级森林公园林地的，应当避免或者减少对森林景观、生态以及旅游活动的影响，并依法办理林地占用、征收审核审批手续。建设项目可能对森林公园景观和生态造成较大影响或者导致森林风景资源质量明显降低的，应当在取得国家级森林公园撤销或者改变经营范围的行政许可后，依法办理林地占用、征收审核审批手续。

**第十六条** 因国家级森林公园总体规划的实施，给国家级森林公园内的当事人造成损失的，依法给予补偿。

**第十七条** 国家级森林公园经营管理机构应当对森林公园内的森林风景资源和生物多样性进行调查，建立保护管理档案，并制定相应的保护措施。

国家级森林公园经营管理机构应当加强对重要森林风景资源的监测，必要时，可以划定重点保护区域。

国家级森林公园经营管理机构应当严格保护森林公园内的天然林、珍贵树木，培育具有地方特色的风景林木，保持当地森林景观优势特征，提高森林风景资源的游览、观赏和科普价值。

**第十八条** 在国家级森林公园内禁止从事下列活动：

（一）擅自采折、采挖花草、树木、药材等植物；

（二）非法猎捕、杀害野生动物；

（三）刻划、污损树木、岩石和文物古迹及葬坟；

（四）损毁或者擅自移动园内设施；

（五）未经处理直接排放生活污水和超标准的废水、废气，乱倒垃圾、废渣、废物及其他污染物；

（六）在非指定的吸烟区吸烟和在非指定区域野外用火、焚烧香蜡纸烛、燃放烟花爆竹；

（七）擅自摆摊设点、兜售物品；

（八）擅自围、填、堵、截自然水系；

（九）法律、法规、规章禁止的其他活动。

国家级森林公园经营管理机构应当通过标示牌、宣传单等形式将森林风景资源保护的注意事项告知旅游者。

**第十九条** 在国家级森林公园内开展影视拍摄或者大型文艺演出等活动的，国家级森林公园经营管理机构应当根据承办单位的活动计划对森林公园景观与生态的影响进行评估，并报省、自治区、直辖市人民政府林业主管部门备案。

国家级森林公园经营管理机构应当监督承办单位按照备案的活动计划开展影视拍摄或者大型文艺演出等活动；对所搭建的临时设施，承办单位应当在国家级森林公园经营管理机构规定的期限内拆除，并恢复原状。

**第二十条** 经有关部门批准，国家级森林公园可以出售门票和收取相关费用。国家级森林公园的门票和其他经营收入应当按照国家有关规定使用，并主要用于森林风景资源的培育、保护及森林公园的建设、维护和管理。

国家级森林公园可以根据实际情况采取减免门票或者设立免费开放日等方式，为老年人、儿童、学生、现役军人、残疾人等特殊群体游览提供便利。国家另有规定的，从其规定。

**第二十一条** 国家级森林公园的建设和经营，应当由国家级森林公园经营管理机构负责；需要与其他单位、个人以合资、合作等方式联合进行的，应当报省级以上人民政府林业主管部门备案。

单位和个人参与国家级森林公园的建设和经营，应当符合国家级森林公园总体规划并服从国家级森林公园经营管理机构的统一管理。

国家级森林公园建设和经营管理的主体发生变动的，应当依法向国家林业局申请办理国家级森林公园被许可人变更手续。

**第二十二条** 国家级森林公园经营管理机构应当对森林公园的范围进行公示和标界立桩。

国家级森林公园经营管理机构应当按照规定使用中国国家森林公园专用标志。未经国家林业局同意，任何单位和个人不得使用国家级森林公园的名称和专用标志。

**第二十三条** 国家级森林公园经营管理机构应当建立健全解说系统，开辟展示场所，对古树名木和主要景观景物设置解说牌示，提供宣传品和解说服务，应用现代信息技术向公众介绍自然科普知识和社会历史文化知识。

**第二十四条** 国家级森林公园经营管理机构应当在危险地段设置安全防护设施和安全警示标识，制定突发事件应急预案。

没有安全保障的区域，不得对公众开放。

国家鼓励国家级森林公园采取购买责任保险的方式，提高旅游安全事故的应对能力。

**第二十五条** 国家级森林公园经营管理机构应当根据国家级森林公园总体规划确定的游客容量组织安排旅游活动，不得超过最大游客容量接待旅游者。

进入国家级森林公园的交通工具，应当按照规定路线行驶，并在指定地点停放。

国家鼓励在国家级森林公园内使用低碳、节能、环保的交通工具。

**第二十六条** 国家级森林公园经营管理机构应当建立健全森林防火制度，落实防火责任制，加强防火宣传和用火管理，建立森林火灾扑救队伍，配备必要的防火设施与设备。

第二十七条 国家级森林公园经营管理机构应当引导森林公园内及周边的居民发展具有地方特色的、无污染的种植、养殖和林副产品加工业，鼓励其从事与森林公园相关的资源管护和旅游接待等活动。

第二十八条 国家级森林公园经营管理机构应当建立健全信息报送制度，按照要求向县级以上人民政府林业主管部门报送森林风景资源保护、利用等方面的情况。

第二十九条 县级以上人民政府林业主管部门应当健全监督管理制度，加强对国家级森林公园总体规划、专项规划及其他经营管理活动的监督检查。国家级森林公园经营管理机构应当配合监督检查，如实提供有关材料。

第三十条 在国家级森林公园内有违反本办法的行为，森林法和野生动物保护法等法律法规已有明确规定的，县级以上人民政府林业主管部门依法予以从重处罚。

第三十一条 违反本办法规定的下列行为，由县级以上人民政府林业主管部门对直接负责的主管人员或者其他直接责任人员依法给予处分，或者建议有关主管部门给予处分：

（一）未按照规定编制总体规划、擅自变更总体规划或者未按照总体规划进行建设活动的；

（二）未按照规定从事森林公园建设和经营的；

（三）建设项目对森林公园景观和生态造成较大影响或者导致森林风景资源质量明显降低，未事先取得国家级森林公园撤销或者改变经营范围的许可的；

（四）国家级森林公园建设和经营管理的主体发生变动，未依法办理国家级森林公园被许可人变更手续的。

第三十二条 国家级森林公园未按照规定编制总体规划或者未按照总体规划进行建设、经责令整改仍达不到要求并导致国家级森林公园主体功能无法发挥的，国家林业局可以将国家级森林公园撤销。

国家级森林公园的森林风景资源质量下降，经中国森林风景资源评价委员会专家评审，达不到国家级森林公园风景资源质量等级标准的，国家林业局应当将国家级森林公园撤销。

被撤销的国家级森林公园，3 年内不得再次申请设立国家级森林公园。

**第三十三条** 县级以上人民政府林业主管部门及其工作人员在监督管理国家级森林公园工作中，滥用职权、徇私舞弊的，依法给予处分；情节严重、构成犯罪的，依法追究刑事责任。

**第三十四条** 本办法自 2011 年 8 月 1 日起施行。

# 森林公园管理办法

中华人民共和国国家林业局令

第 42 号

《国家林业局关于修改部分部门规章的决定》已经
2016 年 7 月 25 日国家林业局局务会议审议通过，现予公
布，自公布之日起施行。

国家林业局局长

2016 年 9 月 22 日

（1994 年 1 月 22 日林业部令第 3 号发布；根据 2011
年 1 月 25 日国家林业局令第 26 号修改；根据 2016 年 9
月 22 日国家林业局令第 42 号修改）

**第一条**　为了加强森林公园管理，合理利用森林风景资源，
发展森林旅游，根据《中华人民共和国森林法》和国家有关规定，
制定本办法。

**第二条**　本办法所称森林公园，是指森林景观优美，自然景
观和人文景物集中，具有一定规模，可供人们游览、休息或进行
科学、文化、教育活动的场所。

**第三条**　林业部主管全国森林公园工作。县级以上地方人民
政府林业主管部门主管本行政区域内的森林公园工作。

**第四条**　在国有林业局、国有林场、国有苗圃、集体林场等
单位经营范围内建立森林公园的，应当依法设立经营管理机构；

但在国有林场、国有苗圃经营范围内建立森林公园的，国有林场、国有苗圃经营管理机构也是森林公园的经营管理机构，仍属事业单位。

**第五条** 森林公园经营管理机构负责森林公园的规划、建设、经营和管理。

森林公园经营管理机构对依法确定其管理的森林、林木、林地、野生动植物、水域、景点景物、各类设施等，享有经营管理权，其合法权益受法律保护，任何单位和个人不得侵犯。

**第六条** 森林公园分为以下三级：

（一）国家级森林公园：森林景观特别优美，人文景物比较集中，观赏、科学、文化价值高，地理位置特殊，具有一定的区域代表性，旅游服务设施齐全，有较高的知名度；

（二）省级森林公园：森林景观优美，人文景物相对集中，观赏、科学、文化价值较高，在本行政区域内具有代表性，具备必要的旅游服务设施，有一定的知名度；

（三）市、县级森林公园：森林景观有特色，景点景物有一定的观赏、科学、文化价值，在当地知名度较高。

**第七条** 建立国家级森林公园，由省级林业主管部门提出书面申请、可行性研究报告和图表、照片等资料，报林业部审批。

国家级森林公园的总体规划设计，由森林公园经营管理机构组织具有规划设计资格的单位负责编制，报省级林业主管部门审批，并报林业部备案。修改总体规划设计必须经原审批单位批准。

**第八条** 县级以上地方人民政府林业主管部门应当在上级林业主管部门的指导和同级人民政府的领导下，加强省级森林公园和市、县级森林公园的建设和管理。省级森林公园和市、县级森林公园设立、撤销、改变经营范围或者变更隶属关系的审批，按照地方有关规定执行。

省级森林公园和市、县级森林公园可以按照有关规定晋升为国家级森林公园。

**第九条** 森林公园的开发建设，可以由森林公园经营管理机构单独进行；由森林公园经营管理机构同其他单位或个人以合资、合作等方式联合进行的，不得改变森林公园经营管理机构的隶属关系。

**第十条** 森林公园的设施和景点建设，必须按照总体规划设计进行。

在珍贵景物、重要景点和核心景区，除必要的保护和附属设施外，不得建设宾馆、招待所、疗养院和其他工程设施。

**第十一条** 禁止在森林公园毁林开垦和毁林采石、采砂、采土以及其他毁林行为。

采伐森林公园的林木，必须遵守有关林业法规、经营方案和技术规程的规定。

**第十二条** 占用、征收、征用或者转让森林公园经营范围内的林地，必须征得森林公园经营管理机构同意，并按《中华人民共和国森林法》及其实施细则等有关规定，办理占用、征收、征用或者转让手续，按法定审批权限报人民政府批准，交纳有关费用。

依前款规定占用、征收、征用或者转让国有林地的，必须经省级林业主管部门审核同意。

**第十三条** 森林公园经营管理机构经有关部门批准可以收取门票及有关费用。在森林公园设立商业网点，必须经森林公园经营管理机构同意，并按国家和有关部门规定向森林公园经营管理机构交纳有关费用。

**第十四条** 森林公园经营范围内的单位、居民和进入森林公园内的游人，应当保护森林公园的各项设施，遵守有关管理制度。

**第十五条** 森林公园经营管理机构应当按规定设置防火、卫生、环保、安全等设施和标志，维护旅游秩序。

**第十六条** 森林公园经营管理机构应当按照林业法规的规定，做好植树造林、森林防火、森林病虫害防治、林木林地和野生动植物资源保护等工作。

**第十七条** 森林公园的治安管理工作，由所在地林业公安机构负责。

**第十八条** 在森林公园建设和管理工作中做出突出成绩的单位和个人，由林业主管部门或者森林公园经营管理机构给予奖励。

**第十九条** 破坏森林公园的森林和野生动植物资源，依照有关法律、法规的规定处理。

**第二十条** 本办法由林业部负责解释。

**第二十一条** 本办法自发布之日起施行。

# 住房城乡建设部关于进一步
# 加强国家级风景名胜区和
# 世界遗产保护管理工作的通知

## 建城〔2017〕168 号

各省、自治区住房城乡建设厅，北京市园林绿化局，天津市城乡建设委员会，重庆市园林事业管理局：

党中央、国务院高度重视生态文明建设，习近平总书记多次对加强生态文明建设作出重要指示批示。近日，中央专门就甘肃祁连山国家级自然保护区生态环境破坏问题及查处情况进行公开通报，督查力度之强，处理力度之大，前所未有，充分表明了党中央、国务院坚定不移推进生态文明建设的坚强决心。国家级风景名胜区和世界自然遗产、自然与文化遗产地（以下简称风景名胜区和世界遗产）作为依法设立的自然和文化遗产保护区域，是生态文明和美丽中国建设的重要载体。为在风景名胜区和世界遗产工作中全面深入贯彻生态文明建设要求，推进风景名胜区和世界遗产事业持续健康发展，现将有关事项通知如下：

一、深入学习贯彻习近平总书记系列重要讲话精神，进一步提高思想认识

习近平总书记系列重要讲话精神是做好风景名胜区和世界遗产保护管理工作的科学指南和基本遵循。各级风景名胜区和世界遗产管理部门务必要认真学习，深入领会，切实贯彻落实党中央、

国务院关于生态文明建设的决策部署。

（一）进一步提高政治站位。要牢固树立"四个意识"，深刻学习领会和贯彻习近平总书记生态文明建设重要战略思想，坚决把思想和行动统一到党中央、国务院的决策部署上来，认真汲取祁连山自然保护区生态环境问题的深刻教训，切实引以为鉴、举一反三，扎实做好风景名胜区和世界遗产保护管理工作，共同守护中华民族的宝贵财富。

（二）进一步增强责任感。要充分认识做好风景名胜区和世界遗产保护管理工作的重要意义，努力践行"绿水青山就是金山银山"理念，坚持保护优先、利用服从保护的原则，决不能以牺牲风景名胜和遗产资源为代价换取一时的经济利益。各级风景名胜区和世界遗产管理部门要勇于担当、真抓实干，紧盯工作中的薄弱环节和关键问题，一项一项抓落实、一件一件抓整改，做到守土有责、守土尽责。

二、坚持依法行政，确实把法律法规要求落到实处

各地要认真贯彻落实《城乡规划法》、《风景名胜区条例》（以下简称《条例》）、《世界遗产公约》（以下简称《公约》）等规定，坚持"科学规划、统一管理、严格保护、永续利用"原则，正确处理风景名胜区和世界遗产保护与地方社会经济发展的关系。

（一）积极完善管理机制。要依法强化风景名胜区和世界遗产管理机构的主体责任，严格落实管理职能，切实做到权责对等，保障风景名胜区和世界遗产的统一规划、统一管理。要积极创新管理机制，着力解决风景名胜区和世界遗产保护管理存在的问题和不足，不断提升保护管理能力。

（二）建立健全法规制度。要结合实际，进一步完善《条例》

《公约》的配套规章制度，深化细化风景名胜区和世界遗产保护管理的措施和要求，推进风景名胜区和世界遗产保护管理的制度化、规范化。具备条件的，要推动实现"一区一条例"。

（三）全面整治违法违规建设。要全面排查和依法整治《条例》第二十六、二十七条明令禁止的活动和行为，重点查办和公开曝光一批开山、采石、开矿等禁止行为以及违规水电开发等对资源环境破坏较大的典型案件。要组织对 2012—2015 年国家级风景名胜区执法检查中存在问题的整改落实情况进行"回头看"，确保件件有着落、整改见实效。相关地方要切实抓好未通过验收的 7 处国家级风景名胜区的整改工作，加大督促检查和指导，严格验收标准，确保整改工作不打折扣。我部将于 2017 年 11 月底前对整改情况再次进行检查验收，验收不通过的将列入国家级风景名胜区濒危名单。

三、严格规划管控，服务绿色发展

风景名胜区规划是风景名胜区保护、利用和管理工作的基本依据。各级风景名胜区管理部门要进一步加强规划工作，切实把好规划"编、审、用、管"关。

（一）改进规划理念，科学合理分区。编制风景名胜区规划和世界遗产保护管理规划要主动对接和深入落实党中央、国务院重大决策部署，强化战略引领，推动风景名胜区和世界遗产成为践行生态文明理念的示范引领区。要科学划定范围边界和保护分区，合理布局游览服务设施，使该保护的资源严格保护好，该利用的空间合理利用好，妥善处理保护与利用的关系。

（二）严格规划实施，加强建设管控。风景名胜区和世界遗产内的各项建设活动应当分别符合经国务院批准的风景名胜区总体规划和上报联合国教科文组织的世界遗产保护管理规划。

涉及建设活动的区域还应当依据总体规划，事先编制报批详细规划，合理控制建设规模，做到建筑风格与景区环境相协调。不得违反规划开展建设活动、核准重大建设工程项目选址；涉及世界遗产的重大建设工程项目，要严格按照《公约》及其操作指南、《世界自然遗产、自然与文化双遗产申报和保护管理办法（试行）》等要求，在项目批准建设前 6 个月将项目选址方案、环境影响评价等材料经我部按程序报联合国教科文组织世界遗产中心审查。

（三）推进可持续利用，服务绿色发展。要以习近平总书记强调的"绿水青山就是金山银山"理念为指导，以规划为引领，在严格保护的基础上合理利用风景名胜和世界遗产资源，探索符合风景名胜区和世界遗产功能定位和资源环境承载力的利用方式，推动形成绿色发展方式和生活方式，构建风景名胜和世界遗产保护与地方经济社会发展的良性循环机制。

四、强化责任落实，加大监管力度

要加大督查力度，层层落实责任，一级抓一级，层层传导压力，确保风景名胜区和世界遗产得到严格保护和永续利用。

（一）提升主动监管能力。各省风景名胜区和世界遗产主管部门要逐步建立遥感监测体系，强化对风景名胜区和世界遗产的动态监管，掌握风景名胜区和世界遗产的保护与利用状况，及时发现和制止破坏风景名胜和世界遗产资源的问题和行为。我部将加大对风景名胜区和世界遗产的遥感监测力度，并对发现的问题及时开展专项整改督查。

（二）严肃查处违规建设。各级风景名胜区和世界遗产主管部门要强化执法监督，严肃处理违法违规建设行为，依法追究相关责任单位和责任人的法律责任，敢于公开曝光，提高违法成本。

对管理责任不落实、监管不到位、审核不把关等"不作为、慢作为、乱作为"问题，做到敢抓敢管、真抓真管。建立部门合作机制，对构成犯罪的，要及时将相关问题材料移送司法机关，追究其刑事责任。

中华人民共和国住房和城乡建设部

2017 年 8 月 22 日

# 矿山地质环境保护规定

中华人民共和国国土资源部令

第 64 号

《国土资源部关于修改和废止部分规章的决定》已经 2016 年 1 月 5 日国土资源部第 1 次部务会议审议通过，现予以公布，自公布之日起施行。

国土资源部部长

2016 年 1 月 8 日

（2009 年 3 月 2 日中华人民共和国国土资源部令第 44 号公布；根据 2015 年 5 月 6 日国土资源部第 2 次部务会议《国土资源部关于修改〈地质灾害危险性评估单位资质管理办法〉等 5 部规章的决定》第一次修正；根据 2016 年 1 月 5 日国土资源部第 1 次部务会议《国土资源部关于修改和废止部分规章的决定》第二次修正）

# 第一章 总 则

**第一条** 为保护矿山地质环境，减少矿产资源勘查开采活动造成的矿山地质环境破坏，保护人民生命和财产安全，促进矿产资源的合理开发利用和经济社会、资源环境的协调发展，根据《中华人民共和国矿产资源法》和《地质灾害防治条例》，制定本规定。

**第二条** 因矿产资源勘查开采等活动造成矿区地面塌陷、地裂缝、崩塌、滑坡，含水层破坏，地形地貌景观破坏等的预防和治理恢复，适用本规定。

开采矿产资源涉及土地复垦的，依照国家有关土地复垦的法律法规执行。

**第三条** 矿山地质环境保护，坚持预防为主、防治结合，谁开发谁保护、谁破坏谁治理、谁投资谁受益的原则。

**第四条** 国土资源部负责全国矿山地质环境的保护工作。

县级以上地方国土资源行政主管部门负责本行政区的矿山地质环境保护工作。

**第五条** 国家鼓励开展矿山地质环境保护科学技术研究，普及相关科学技术知识，推广先进技术和方法，制定有关技术标准，提高矿山地质环境保护的科学技术水平。

**第六条** 国家鼓励企业、社会团体或者个人投资，对已关闭或者废弃矿山的地质环境进行治理恢复。

**第七条** 任何单位和个人对破坏矿山地质环境的违法行为都有权进行检举和控告。

# 第二章 规 划

**第八条** 国土资源部负责全国矿山地质环境的调查评价工作。

省、自治区、直辖市国土资源行政主管部门负责本行政区域内的矿山地质环境调查评价工作。

市、县国土资源行政主管部门根据本地区的实际情况，开展本行政区域的矿山地质环境调查评价工作。

**第九条** 国土资源部依据全国矿山地质环境调查评价结果，编制全国矿山地质环境保护规划。

省、自治区、直辖市国土资源行政主管部门依据全国矿山地质环境保护规划，结合本行政区域的矿山地质环境调查评价结果，编制省、自治区、直辖市的矿山地质环境保护规划，报省、自治区、直辖市人民政府批准实施。

市、县级矿山地质环境保护规划的编制和审批，由省、自治区、直辖市国土资源行政主管部门规定。

**第十条** 矿山地质环境保护规划应当包括下列内容：

（一）矿山地质环境现状和发展趋势；

（二）矿山地质环境保护的指导思想、原则和目标；

（三）矿山地质环境保护的主要任务；

（四）矿山地质环境保护的重点工程；

（五）规划实施保障措施。

**第十一条** 矿山地质环境保护规划应当符合矿产资源规划，并与土地利用总体规划、地质灾害防治规划等相协调。

# 第三章　治理恢复

**第十二条** 采矿权申请人申请办理采矿许可证时，应当编制矿山地质环境保护与治理恢复方案，报有批准权的国土资源行政主管部门批准。

矿山地质环境保护与治理恢复方案应当包括下列内容：

（一）矿山基本情况；

（二）矿山地质环境现状；

（三）矿山开采可能造成地质环境影响的分析评估（含地质灾害危险性评估）；

（四）矿山地质环境保护与治理恢复措施；

（五）矿山地质环境监测方案；

（六）矿山地质环境保护与治理恢复工程经费概算；

（七）缴存矿山地质环境保护与治理恢复保证金承诺书。

依照前款规定已编制矿山地质环境保护与治理恢复方案的，不再单独进行地质灾害危险性评估。

**第十三条** 采矿权申请人未编制矿山地质环境保护与治理恢复方案，或者编制的矿山地质环境保护与治理恢复方案不符合要求的，有批准权的国土资源行政主管部门应当告知申请人补正；逾期不补正的，不予受理其采矿权申请。

**第十四条** 采矿权人扩大开采规模、变更矿区范围或者开采方式的，应当重新编制矿山地质环境保护与治理恢复方案，并报原批准机关批准。

**第十五条** 采矿权人应当严格执行经批准的矿山地质环境保护与治理恢复方案。

矿山地质环境保护与治理恢复工程的设计和施工，应当与矿产资源开采活动同步进行。

**第十六条** 开采矿产资源造成矿山地质环境破坏的，由采矿权人负责治理恢复，治理恢复费用列入生产成本。

矿山地质环境治理恢复责任人灭失的，由矿山所在地的市、县国土资源行政主管部门，使用经市、县人民政府批准设立的政府专项资金进行治理恢复。

国土资源部，省、自治区、直辖市国土资源行政主管部门依据矿山地质环境保护规划，按照矿山地质环境治理工程项目管理制度的要求，对市、县国土资源行政主管部门给予资金补助。

第十七条　采矿权人应当依照国家有关规定，缴存矿山地质环境治理恢复保证金。

矿山地质环境治理恢复保证金的缴存标准和缴存办法，按照省、自治区、直辖市的规定执行。矿山地质环境治理恢复保证金的缴存数额，不得低于矿山地质环境治理恢复所需费用。

矿山地质环境治理恢复保证金遵循企业所有、政府监管、专户储存、专款专用的原则。

第十八条　采矿权人按照矿山地质环境保护与治理恢复方案的要求履行了矿山地质环境治理恢复义务，经有关国土资源行政主管部门组织验收合格的，按义务履行情况返还相应额度的矿山地质环境治理恢复保证金及利息。

采矿权人未履行矿山地质环境治理恢复义务，或者未达到矿山地质环境保护与治理恢复方案要求，经验收不合格的，有关国土资源行政主管部门应当责令采矿权人限期履行矿山地质环境治理恢复义务。

第十九条　因矿区范围、矿种或者开采方式发生变更的，采矿权人应当按照变更后的标准缴存矿山地质环境治理恢复保证金。

第二十条　矿山地质环境治理恢复后，对具有观赏价值、科学研究价值的矿业遗迹，国家鼓励开发为矿山公园。

国家矿山公园由省、自治区、直辖市国土资源行政主管部门组织申报，由国土资源部审定并公布。

第二十一条　国家矿山公园应当具备下列条件：

（一）国内独具特色的矿床成因类型且具有典型、稀有及科学价值的矿业遗迹；

（二）经过矿山地质环境治理恢复的废弃矿山或者部分矿段；

（三）自然环境优美、矿业文化历史悠久；

（四）区位优越，科普基础设施完善，具备旅游潜在能力；

（五）土地权属清楚，矿山公园总体规划科学合理。

**第二十二条** 矿山关闭前，采矿权人应当完成矿山地质环境治理恢复义务。采矿权人在申请办理闭坑手续时，应当经国土资源行政主管部门验收合格，并提交验收合格文件，经审定后，返还矿山地质环境治理恢复保证金。

逾期不履行治理恢复义务或者治理恢复仍达不到要求的，国土资源行政主管部门使用该采矿权人缴存的矿山地质环境治理恢复保证金组织治理，治理资金不足部分由采矿权人承担。

**第二十三条** 采矿权转让的，矿山地质环境保护与治理恢复的义务同时转让。采矿权受让人应当依照本规定，履行矿山地质环境保护与治理恢复的义务。

**第二十四条** 以槽探、坑探方式勘查矿产资源，探矿权人在矿产资源勘查活动结束后未申请采矿权的，应当采取相应的治理恢复措施，对其勘查矿产资源遗留的钻孔、探井、探槽、巷道进行回填、封闭，对形成的危岩、危坡等进行治理恢复，消除安全隐患。

# 第四章　监督管理

**第二十五条** 县级以上国土资源行政主管部门对采矿权人履行矿山地质环境保护与治理恢复义务的情况进行监督检查。

相关责任人应当配合县级以上国土资源行政主管部门的监督检查，并提供必要的资料，如实反映情况。

**第二十六条** 县级以上国土资源行政主管部门应当建立本行政区域内的矿山地质环境监测工作体系，健全监测网络，对矿山地质环境进行动态监测，指导、监督采矿权人开展矿山地质环境监测。

采矿权人应当定期向矿山所在地的县级国土资源行政主管部门报告矿山地质环境情况，如实提交监测资料。

县级国土资源行政主管部门应当定期将汇总的矿山地质环境监测资料报上一级国土资源行政主管部门。

第二十七条 县级以上国土资源行政主管部门在履行矿山地质环境保护的监督检查职责时，有权对矿山地质环境保护与治理恢复方案确立的治理恢复措施落实情况和矿山地质环境监测情况进行现场检查，对违反本规定的行为有权制止并依法查处。

第二十八条 开采矿产资源等活动造成矿山地质环境突发事件的，有关责任人应当采取应急措施，并立即向当地人民政府报告。

# 第五章 法律责任

第二十九条 违反本规定，应当编制矿山地质环境保护与治理恢复方案而未编制的，或者扩大开采规模、变更矿区范围或者开采方式，未重新编制矿山地质环境保护与治理恢复方案并经原审批机关批准的，由县级以上国土资源行政主管部门责令限期改正；逾期不改正的，处 3 万元以下的罚款，颁发采矿许可证的国土资源行政主管部门不得通过其采矿许可证年检。

第三十条 违反本规定第十五条、第二十二条规定，未按照批准的矿山地质环境保护与治理恢复方案治理的，或者在矿山被批准关闭、闭坑前未完成治理恢复的，由县级以上国土资源行政主管部门责令限期改正；逾期拒不改正的，处 3 万元以下的罚款，5 年内不受理其新的采矿权申请。

第三十一条　违反本规定第十七条规定，未按期缴存矿山地质环境治理恢复保证金的，由县级以上国土资源行政主管部门责令限期缴存；逾期不缴存的，处 3 万元以下的罚款。颁发采矿许可证的国土资源行政主管部门不得通过其采矿活动年度报告，不受理其采矿权延续变更申请。

第三十二条　违反本规定第二十四条规定，探矿权人未采取治理恢复措施的，由县级以上国土资源行政主管部门责令限期改正；逾期拒不改正的，处 3 万元以下的罚款，5 年内不受理其新的探矿权、采矿权申请。

第三十三条　违反本规定，扰乱、阻碍矿山地质环境保护与治理恢复工作，侵占、损坏、损毁矿山地质环境监测设施或者矿山地质环境保护与治理恢复设施的，由县级以上国土资源行政主管部门责令停止违法行为，限期恢复原状或者采取补救措施，并处 3 万元以下的罚款；构成犯罪的，依法追究刑事责任。

第三十四条　县级以上国土资源行政主管部门工作人员违反本规定，在矿山地质环境保护与治理恢复监督管理中玩忽职守、滥用职权、徇私舞弊的，对相关责任人依法给予行政处分；构成犯罪的，依法追究刑事责任。

# 第六章　附　则

第三十五条　本规定实施前已建和在建矿山，采矿权人应当依照本规定编制矿山地质环境保护与治理恢复方案，报原采矿许可证审批机关批准，并缴存矿山地质环境治理恢复保证金。

第三十六条　本规定自 2009 年 5 月 1 日起施行。

# 附　录

国土资源部　工业和信息化部　财政部等
关于加强矿山地质环境恢复和
综合治理的指导意见

国土资发〔2016〕63号

各省、自治区、直辖市国土资源、工业和信息化、财政、环境保护、能源主管部门：

矿山地质环境是生态环境的重要组成部分。在党中央、国务院正确领导和各有关方面共同努力下，我国矿山地质环境恢复和综合治理取得积极成效。2001年以来，相继采取一系列措施，组织开展摸底调查，颁布《矿山地质环境保护规定》，实施《矿山地质环境保护与治理规划》，推进专项治理，开展矿山复绿行动，建设国家矿山公园；建立矿山地质环境治理恢复保证金制度，初步构建起开发补偿保护的经济机制。截至2015年，中央和地方及企业投入超过900亿元，治理矿山地质环境面积超过80万公顷，一批资源枯竭型城市的矿山地质环境得到有效恢复。但总体上看，我国矿山地质环境恢复和综合治理仍不适应新形势要求，粗放开发方式对矿山地质环境造成的影响仍然严重，地面塌陷、土地损毁、植被和地形地貌景观破坏等一系列问题依然突出。

中央高度重视生态文明建设，先后做出一系列重大决策部署。

贯彻落实新的发展理念，加快推进生态文明建设，必须把矿山地质环境恢复和综合治理摆在更加突出位置，充分认识进一步加强矿山地质环境恢复和综合治理的重要性和紧迫性，切实增强责任感和使命感，牢固树立尊重自然、顺应自然、保护自然的理念，坚持绿水青山就是金山银山，强化资源管理对自然生态的源头保护作用，组织动员各方面力量，加强矿山地质环境保护，加快矿山地质环境恢复和综合治理，尽快形成开发与保护相互协调的矿产开发新格局。

一、总体要求

（一）指导思想

全面贯彻党的十八大和十八届二中、三中、四中、五中全会精神，以邓小平理论、"三个代表"重要思想和科学发展观为指导，深入贯彻习近平总书记系列重要讲话精神，按照"五位一体"总体布局和"四个全面"战略布局，牢固树立和切实贯彻创新、协调、绿色、开放、共享的新发展理念，严格落实《中共中央国务院关于加快推进生态文明建设的意见》和《中共中央国务院关于印发生态文明体制改革总体方案的通知》要求，全面深化改革和依法行政，科学规划、整体推进、突出重点、注重成效，着力完善开发补偿保护经济机制，大力构建政府、企业、社会共同参与的恢复和综合治理新机制，尽快形成在建、生产矿山和历史遗留等"新老问题"统筹解决的恢复和综合治理新局面，全面提高我国矿山地质环境恢复和综合治理水平，为推进生态文明建设、建设美丽中国做出新的贡献。

（二）基本原则

以"创新、协调、绿色、开放、共享"的新发展理念统领矿山地质环境恢复和综合治理工作，坚决贯彻节约资源和保护环境的基本国策，努力实现国土资源惠民利民新成效。

坚持创新发展理念，破除矿山地质环境恢复和综合治理的投入、政策、科研等机制障碍。创新尾矿残留矿再开发、矿山废弃地复垦利用、集体土地流转利用等政策，引导社会资金、资源、资产要素投入，积极探索利用 PPP 模式、第三方治理方式，充分调动各方面积极性，加快治理。简化管理程序，推进矿山地质环境恢复治理方案和土地复垦方案编制与审查制度改革。鼓励矿山企业与相关机构开展治理恢复技术科技创新。

坚持协调发展理念，加快完善资源开发与环境保护相互协调的矿产资源开发管理制度体系。落实主体功能区战略，统筹保护与开发，把保护放在优先位置，强化矿产开发管理对生态环境的源头保护作用。调整矿产资源勘查开发布局，编制实施矿产资源规划。严格矿产开发准入，严格生产过程监管，严格责任追究，把矿山地质环境恢复和综合治理的责任落实到矿产开发"事前、事中、事后"的全过程。坚持"谁开发、谁治理"，对新建和生产矿山，严格落实矿山企业保护与治理的主体责任。统筹推进历史遗留和新产生的矿山地质环境问题的恢复治理。

坚持绿色发展理念，倡导和培育绿色矿业，构建矿产资源开发与矿山地质环境保护新格局。深入持续开展矿山复绿行动。推进废弃矿山的山、水、田、林、湖综合治理，宜农则农、宜林则林、宜园则园、宜水则水，充分结合全民义务植树等活动，尽快恢复矿区的青山绿水。发展绿色矿业，建设绿色矿山，鼓励矿山企业按照高效利用资源、保护环境、促进矿地和谐的绿色矿业发展要求，编制实施绿色矿山发展规划，加快建设资源节约型和环境友好型企业。

坚持开放发展理念，将矿山地质环境恢复和综合治理与相关产业发展融合推进。鼓励引进国外矿山地质环境恢复和综合治理的新技术和新模式，积极开展国际合作。拓展绿色矿山建设模式，鼓励矿山企业参与矿山地质公园建设、经营和管理。探索矿山地质环境恢复和综合治理与地产开发、旅游、养老疗养、养殖、种植等产业的融合发展。

坚持共享发展理念，实现矿山地质环境恢复和综合治理的惠民利民新成效。鼓励矿山企业留地留技留利于企业职工和矿区群众，总结推广用矿区土地入股分红参与矿山地质环境恢复和综合治理的经验，引导企业职工、矿区群众积极参与矿山地质环境恢复和综合治理，形成人、矿、地和谐发展。加大对贫困地区矿山地质环境恢复和综合治理的支持力度，助力精准扶贫，增加扶贫工作的"含金量"，让企业职工和当地群众通过矿山地质环境改善有更多获得感。

（三）主要目标

到 2025 年，建立动态监测体系，全面掌握和监控全国矿山地质环境动态变化情况。建立矿业权人履行保护和治理恢复矿山地质环境法定义务的约束机制。矿山地质环境恢复和综合治理的责任全面落实，新建和生产矿山地质环境得到有效保护和及时治理，历史遗留问题综合治理取得显著成效。基本建成制度完善、责任明确、措施得当、管理到位的矿山地质环境恢复和综合治理工作体系，形成"不再欠新帐，加快还旧账"的矿山地质环境恢复和综合治理的新局面。

二、主要任务

（一）夯实工作基础

1. 全面调查。由省级国土资源主管部门组织，以市、县为主要单元，开展矿山地质环境详细调查，系统查明在建矿山、生产矿山、废弃矿山、政策性关闭矿山地质环境问题的类型、分布、规模和危害程度。

2. 明确责任。各级地方国土资源主管部门按以下原则认定

"新老"矿山地质环境问题：计划经济时期遗留或者责任人灭失的矿山地质环境问题，为历史遗留问题，由各级地方政府统筹规划和治理恢复，中央财政给予必要支持。在建和生产矿山造成的矿山地质环境问题，由矿山企业负责治理恢复。对于历史遗留损毁土地的认定，依照国家有关土地复垦的法律法规执行。

3. 科学规划。根据矿山地质环境调查和责任划分情况，统筹考虑"新老"矿山地质环境问题，以自然保护区、重要景观区、居民集中生活区的周边和重要交通干线、河流湖泊直观可视范围"三区两线"及基本农田保护区等为重点，全面编制国家、省和市、县级矿山地质环境保护与治理规划，明确保护与治理任务和工作进度，统筹部署，分步实施，确保工作目标实现。

4. 加强监测。充分利用卫星遥感等先进技术，加强监测力量，加快监测基础设施建设，建立系统完善的包括矿山地质环境在内国家、省、市、县四级地质环境动态监测体系，全面系统掌握和监控各类矿山地质环境问题的现状和变化情况。

（二）强化保护预防

1. 严格矿山开发准入管理。严格执行矿产资源规划，落实规划分区管理制度。在自然保护区，非经主管部门同意，不得新设与资源环境保护功能不相符合的矿业权。自然保护区内已设置的矿业权按有关规定办理。强化源头管理，全面实行矿产资源开发利用方案和矿山地质环境保护与治理恢复方案、土地复垦方案同步编制、同步审查、同步实施的三同时制度和社会公示制度。

2. 加强保护与治理恢复方案的实施。切实加强耕地保护，完善矿山地质环境保护与治理恢复方案和土地复垦方案的编制标准，因矿施策，因地制宜，推进建立矿山地质环境保护和治理恢复方案与土地复垦方案合并编制、简便实用的工作制度。落实方案编制、审查和实施的主体责任，确保方案的科学性、合理性和严肃性。

3. 加强开发和保护过程监管。将矿山地质环境恢复和综合治理的责任与工作落实情况作为矿山企业信息社会公示的重要内容和抽检的重要方面，强化对采矿权人主体责任的社会监督和执法监管。各级地方国土资源主管部门要加大监督执法力度，提高监督执法频率，督促矿山企业严格按照恢复治理方案边开采边治理。对拒不履行恢复治理义务的在建矿山、生产矿山，要将该矿山企业纳入政府管理相关信息向社会公开，列入矿业权人异常名录或严重违法名单。情节严重的，依法依规严肃处理。

4. 加强资源综合利用。推进尾矿和废石综合利用，以尾矿和废石提取有价组分、生产高附加值建筑材料、充填、无害化农用和生态应用为重点，加快先进适用技术装备推广应用，组织实施尾矿和废石综合利用示范工程，不断提高尾矿和废石综合利用比例，扩大综合利用产业规模，减少对生态环境的影响。

（三）加快历史遗留问题的解决

1. 明确任务要求。各地要将矿山地质环境历史遗留问题的解决作为建设美丽中国的重要任务，纳入当地政府生态环境保护的目标任务，明确要求，分工负责，限期完成，严格考核和问责制度。

2. 加大财政资金投入。各级地方财政要加大资金投入力度，拓宽资金渠道，为废弃矿山、政策性关闭矿山等历史遗留的矿山地质环境恢复治理提供必要支持。

3. 鼓励社会资金参与。按照"谁治理、谁受益"的原则，充分发挥财政资金的引导带动作用，大力探索构建"政府主导、政策扶持、社会参与、开发式治理、市场化运作"的矿山地质环境恢复和综合治理新模式。

4. 整合政策与资金。各地可根据本地实际情况，将矿山地质环境恢复治理与新农村建设、棚户区改造、生态移民搬迁、地质灾害治理、土地整治、城乡建设用地增减挂钩、工矿废弃地复垦利用等有机结合起来，加强政策与项目资金的整合与合理利用，形成合力，切实提高矿山地质环境保护和恢复治理成效。对历史原因造成耕地严重破坏且无法恢复的，按照规定，补充相应耕地或调整耕地保有量。

三、保障措施

（一）加强组织保障

1. 制定工作方案。各级国土资源主管部门要充分认识加强矿山地质环境恢复和综合治理的重大意义，摸清情况，梳理问题，理清工作思路，突出工作重点，分区分类提出解决问题的办法，形成目标明确、任务落实、保障有力、切实可行的工作方案，纳入本地经济社会发展和生态文明建设总体布局，依靠地方政府和各有关部门协调推进，确保各项工作目标的实现。

2. 加强法制建设。各级国土资源主管部门要配合有关部门，积极推进矿山地质环境保护立法，完善矿山地质环境保护和土地复垦等核心制度，建立健全矿山地质环境恢复和综合治理的法规制度及标准与规范体系，为矿山地质环境恢复和综合治理提供坚实有力的法制保障。

3. 加强部门协作。各级国土资源、工信、财政、环保、能源等相关部门要在同级人民政府的统一领导下，按照部门职责分工，密切协作，加大矿山地质环境监管力度，扎实推进历史遗留矿山地质环境问题的恢复治理，督促矿山企业切实履行矿山地质环境恢复治理主体责任。

（二）加强政策支持

1. 完善用地政策。根据不同矿种和开发方式，建立差别化、针对性强的矿业用地政策。对因采煤塌陷或其他矿山地质灾害造成的农用地或其它土地损毁，按照土地变更调查工作要求和程序开展实地调查，经审查通过后纳入年度土地变更调查进行变更。涉及农用地变更为未利用地的，按照审查及认定规范和程序报批。符合条件的地区，可结合实际情况纳入城乡建设用地增减挂钩试点，支持存在矿山地质灾害隐患且压覆矿产资源的村庄搬迁或已发生地质灾害的村庄搬迁。深入推进历史遗留工矿废弃地复垦利用。

2. 完善矿产资源开发政策。在符合规划、保障安全的前提下，依法开发存量资源，为区域综合治理提供资金保障。合理调整矿产开发布局，对伴生矿优化开采顺序。对采石取土成区连片、问题集中的地方，依法依规进行矿产资源开发整合，落实矿山地质环境问题治理的主体责任。加快推进绿色矿业发展示范区和绿色矿山建设，促进矿产资源开发与生态环境保护协调发展。

3. 鼓励第三方治理。地方政府、矿山企业可采取"责任者付费，专业化治理"的方式，将产生的矿山地质环境问题交由专业机构治理。发挥矿山企业主动性和第三方治理企业活力，提高治理效率和质量，促进科技进步。

4. 强化科技支撑。加强关键技术攻关，加快研究推广先进适用的开采技术，减轻矿产资源开发对地质环境的破坏，推动保护式开采。完善矿山地质环境调查、评价、监测、治理技术标准体系，推广应用国产卫星遥感等先进技术，依靠科技进步，推进矿山地质环境恢复和综合治理。

（三）鼓励群众参与

1. 加强信息公开。及时准确公开各类矿山地质环境信息，保障群众知情权，及时回应矿山企业、矿区群众和社会公众关切，鼓励群众监督矿山地质环境恢复和综合治理工作，保障企业和群众合法权益。矿山地质环境保护与治理规划由各级国土资源主管部门负责公开。企业制定的矿山地质环境保护与治理恢复方案等相关信息由企业向社会公开。

2. 加强宣传教育。积极培育生态文化，牢固树立矿产资源既是重要自然资源也是重要生态要素的生态文明理念，充分发挥新闻媒体作用，组织好世界地球日、土地日、防灾减灾日等主题宣传活动，树立理性、积极的舆论导向，加强资源环境国情宣传，普及矿山地质环境保护法律法规和科学知识，报道先进典型，曝光反面事例，提高矿产资源开发和利用过程的环境保护意识。

2016 年 7 月 1 日

# 古生物化石保护条例

中华人民共和国国务院令

第 580 号

《古生物化石保护条例》已经 2010 年 8 月 25 日国务院第 123 次常务会议通过，现予公布，自 2011 年 1 月 1 日起施行。

总理　温家宝

二〇一〇年九月五日

## 第一章　总　　则

**第一条**　为了加强对古生物化石的保护，促进古生物化石的科学研究和合理利用，制定本条例。

**第二条**　在中华人民共和国领域和中华人民共和国管辖的其他海域从事古生物化石发掘、收藏等活动以及古生物化石进出境，应当遵守本条例。

本条例所称古生物化石，是指地质历史时期形成并赋存于地层中的动物和植物的实体化石及其遗迹化石。

古猿、古人类化石以及与人类活动有关的第四纪古脊椎动物化石的保护依照国家文物保护的有关规定执行。

第三条 中华人民共和国领域和中华人民共和国管辖的其他海域遗存的古生物化石属于国家所有。

国有的博物馆、科学研究单位、高等院校和其他收藏单位收藏的古生物化石，以及单位和个人捐赠给国家的古生物化石属于国家所有，不因其收藏单位的终止或者变更而改变其所有权。

第四条 国家对古生物化石实行分类管理、重点保护、科研优先、合理利用的原则。

第五条 国务院国土资源主管部门主管全国古生物化石保护工作。县级以上地方人民政府国土资源主管部门主管本行政区域古生物化石保护工作。

县级以上人民政府公安、工商行政管理等部门按照各自的职责负责古生物化石保护的有关工作。

第六条 国务院国土资源主管部门负责组织成立国家古生物化石专家委员会。国家古生物化石专家委员会由国务院有关部门和中国古生物学会推荐的专家组成，承担重点保护古生物化石名录的拟定、国家级古生物化石自然保护区建立的咨询、古生物化石发掘申请的评审、重点保护古生物化石进出境的鉴定等工作，具体办法由国务院国土资源主管部门制定。

第七条 按照在生物进化以及生物分类上的重要程度，将古生物化石划分为重点保护古生物化石和一般保护古生物化石。

具有重要科学研究价值或者数量稀少的下列古生物化石，应当列为重点保护古生物化石：

（一）已经命名的古生物化石种属的模式标本；

（二）保存完整或者较完整的古脊椎动物实体化石；

（三）大型的或者集中分布的高等植物化石、无脊椎动物化石和古脊椎动物的足迹等遗迹化石；

（四）国务院国土资源主管部门确定的其他需要重点保护的古生物化石。

重点保护古生物化石名录由国家古生物化石专家委员会拟定，由国务院国土资源主管部门批准并公布。

**第八条**　重点保护古生物化石集中的区域，应当建立国家级古生物化石自然保护区；一般保护古生物化石集中的区域，同时该区域已经发现重点保护古生物化石的，应当建立地方级古生物化石自然保护区。建立古生物化石自然保护区的程序，依照《中华人民共和国自然保护区条例》的规定执行。

建立国家级古生物化石自然保护区，应当征求国家古生物化石专家委员会的意见。

**第九条**　县级以上人民政府应当加强对古生物化石保护工作的领导，将古生物化石保护工作所需经费列入本级财政预算。

县级以上人民政府应当组织有关部门开展古生物化石保护知识的宣传教育，增强公众保护古生物化石的意识，并按照国家有关规定对在古生物化石保护工作中做出突出成绩的单位和个人给予奖励。

# 第二章　古生物化石发掘

**第十条**　因科学研究、教学、科学普及或者对古生物化石进行抢救性保护等需要，方可发掘古生物化石。发掘古生物化石的，应当符合本条例第十一条第二款规定的条件，并依照本条例的规定取得批准。

本条例所称发掘，是指有一定工作面，使用机械或者其他动力工具挖掘古生物化石的活动。

**第十一条** 在国家级古生物化石自然保护区内发掘古生物化石，或者在其他区域发掘重点保护古生物化石的，应当向国务院国土资源主管部门提出申请并取得批准；在国家级古生物化石自然保护区外发掘一般保护古生物化石的，应当向古生物化石所在地省、自治区、直辖市人民政府国土资源主管部门提出申请并取得批准。

申请发掘古生物化石的单位应当符合下列条件，并在提出申请时提交其符合下列条件的证明材料以及发掘项目概况、发掘方案、发掘标本保存方案和发掘区自然生态条件恢复方案：

（一）有 3 名以上拥有古生物专业或者相关专业技术职称，并有 3 年以上古生物化石发掘经历的技术人员（其中至少有 1 名技术人员具有古生物专业高级职称并作为发掘活动的领队）；

（二）有符合古生物化石发掘需要的设施、设备；

（三）有与古生物化石保护相适应的处理技术和工艺；

（四）有符合古生物化石保管需要的设施、设备和场所。

**第十二条** 国务院国土资源主管部门应当自受理申请之日起 3 个工作日内将申请材料送国家古生物化石专家委员会。国家古生物化石专家委员会应当自收到申请材料之日起 10 个工作日内出具书面评审意见。评审意见应当作为是否批准古生物化石发掘的重要依据。

国务院国土资源主管部门应当自受理申请之日起 30 个工作日内完成审查，对申请单位符合本条例第十一条第二款规定条件，同时古生物化石发掘方案、发掘标本保存方案和发掘区自然生态条件恢复方案切实可行的，予以批准；对不符合条件的，书面通知申请单位并说明理由。

国务院国土资源主管部门批准古生物化石发掘申请前，应当征求古生物化石所在地省、自治区、直辖市人民政府国土资源主管部门的意见；批准发掘申请后，应当将批准发掘古生物化石的情况通报古生物化石所在地省、自治区、直辖市人民政府国土资源主管部门。

**第十三条** 省、自治区、直辖市人民政府国土资源主管部门受理古生物化石发掘申请的，应当依照本条例第十二条第二款规定的期限和要求进行审查、批准，并听取古生物专家的意见。

**第十四条** 发掘古生物化石的单位，应当按照批准的发掘方案进行发掘；确需改变发掘方案的，应当报原批准发掘的国土资源主管部门批准。

**第十五条** 发掘古生物化石的单位，应当自发掘或者科学研究、教学等活动结束之日起 30 日内，对发掘的古生物化石登记造册，作出相应的描述与标注，并移交给批准发掘的国土资源主管部门指定的符合条件的收藏单位收藏。

**第十六条** 进行区域地质调查或者科学研究机构、高等院校等因科学研究、教学需要零星采集古生物化石标本的，不需要申请批准，但是，应当在采集活动开始前将采集时间、采集地点、采集数量等情况书面告知古生物化石所在地的省、自治区、直辖市人民政府国土资源主管部门。采集的古生物化石的收藏应当遵守本条例的规定。

本条例所称零星采集，是指使用手持非机械工具在地表挖掘极少量古生物化石，同时不对地表和其他资源造成影响的活动。

**第十七条** 外国人、外国组织因中外合作进行科学研究需要，方可在中华人民共和国领域和中华人民共和国管辖的其他海域发掘古生物化石。发掘古生物化石的，应当经国务院国土资源主管部门批准，采取与符合本条例第十一条第二款规定条件的中方单位合作的方式进行，并遵守本条例有关古生物化石发掘、收藏、进出境的规定。

**第十八条** 单位和个人在生产、建设等活动中发现古生物化石的，应当保护好现场，并立即报告所在地县级以上地方人民政府国土资源主管部门。

县级以上地方人民政府国土资源主管部门接到报告后，应当在 24 小时内赶赴现场，并在 7 日内提出处理意见。确有必要的，可以报请当地人民政府通知公安机关协助保护现场。发现重点保护古生物化石的，应当逐级上报至国务院国土资源主管部门，由国务院国土资源主管部门提出处理意见。

生产、建设等活动中发现的古生物化石需要进行抢救性发掘的，由提出处理意见的国土资源主管部门组织符合本条例第十一条第二款规定条件的单位发掘。

**第十九条** 县级以上人民政府国土资源主管部门应当加强对古生物化石发掘活动的监督检查，发现未经依法批准擅自发掘古生物化石，或者不按照批准的发掘方案发掘古生物化石的，应当依法予以处理。

## 第三章 古生物化石收藏

**第二十条** 古生物化石的收藏单位，应当符合下列条件：

（一）有固定的馆址、专用展室、相应面积的藏品保管场所；

（二）有相应数量的拥有相关研究成果的古生物专业或者相关专业的技术人员；

（三）有防止古生物化石自然损毁的技术、工艺和设备；

（四）有完备的防火、防盗等设施、设备和完善的安全保卫等管理制度；

（五）有维持正常运转所需的经费。

县级以上人民政府国土资源主管部门应当加强对古生物化石收藏单位的管理和监督检查。

**第二十一条** 国务院国土资源主管部门负责建立全国的重点保护古生物化石档案和数据库。县级以上地方人民政府国土资源主管部门负责建立本行政区域的重点保护古生物化石档案和数据库。

收藏单位应当建立本单位收藏的古生物化石档案，并如实对收藏的古生物化石作出描述与标注。

**第二十二条** 国家鼓励单位和个人将其收藏的重点保护古生物化石捐赠给符合条件的收藏单位收藏。

任何单位和个人不得擅自买卖重点保护古生物化石。买卖一般保护古生物化石的，应当在县级以上地方人民政府指定的场所进行。具体办法由省、自治区、直辖市人民政府制定。

**第二十三条** 国有收藏单位不得将其收藏的重点保护古生物化石转让、交换、赠与给非国有收藏单位或者个人。

任何单位和个人不得将其收藏的重点保护古生物化石转让、交换、赠与、质押给外国人或者外国组织。

**第二十四条** 收藏单位之间转让、交换、赠与其收藏的重点保护古生物化石的，应当经国务院国土资源主管部门批准。

**第二十五条** 公安、工商行政管理、海关等部门应当对依法没收的古生物化石登记造册、妥善保管，并在结案后 30 个工作日内移交给同级国土资源主管部门。接受移交的国土资源主管部门应当出具接收凭证，并将接收的古生物化石交符合条件的收藏单位收藏。

国有收藏单位不再收藏的一般保护古生物化石，应当按照国务院国土资源主管部门的规定处理。

# 第四章　古生物化石进出境

**第二十六条**　未命名的古生物化石不得出境。

重点保护古生物化石符合下列条件之一，经国务院国土资源主管部门批准，方可出境：

（一）因科学研究需要与国外有关研究机构进行合作的；

（二）因科学、文化交流需要在境外进行展览的。

一般保护古生物化石经所在地省、自治区、直辖市人民政府国土资源主管部门批准，方可出境。

**第二十七条**　申请古生物化石出境的，应当向国务院国土资源主管部门或者省、自治区、直辖市人民政府国土资源主管部门提出出境申请，并提交出境古生物化石的清单和照片。出境申请应当包括申请人的基本情况和古生物化石的出境地点、出境目的、出境时间等内容。

申请重点保护古生物化石出境的，申请人还应当提供外方合作单位的基本情况和合作科学研究合同或者展览合同，以及古生物化石的应急保护预案、保护措施、保险证明等材料。

**第二十八条**　申请重点保护古生物化石出境的，国务院国土资源主管部门应当自受理申请之日起3个工作日内将申请材料送国家古生物化石专家委员会。国家古生物化石专家委员会应当自收到申请材料之日起10个工作日内对申请出境的重点保护古生物化石进行鉴定，确认古生物化石的种属、数量和完好程度，并出具书面鉴定意见。鉴定意见应当作为是否批准重点保护古生物化石出境的重要依据。

国务院国土资源主管部门应当自受理申请之日起20个工作日内完成审查，符合规定条件的，作出批准出境的决定；不符合规定条件的，书面通知申请人并说明理由。

**第二十九条** 申请一般保护古生物化石出境的，省、自治区、直辖市人民政府国土资源主管部门应当自受理申请之日起20个工作日内完成审查，同意出境的，作出批准出境的决定；不同意出境的，书面通知申请人并说明理由。

**第三十条** 古生物化石出境批准文件的有效期为90日；超过有效期出境的，应当重新提出出境申请。

重点古生物化石在境外停留的期限一般不超过6个月；因特殊情况确需延长境外停留时间的，应当在境外停留期限届满60日前向国务院国土资源主管部门申请延期。延长期限最长不超过6个月。

**第三十一条** 经批准出境的重点保护古生物化石出境后进境的，申请人应当自办结进境海关手续之日起5日内向国务院国土资源主管部门申请进境核查。

国务院国土资源主管部门应当自受理申请之日起3个工作日内将申请材料送国家古生物化石专家委员会。国家古生物化石专家委员会应当自收到申请材料之日起5个工作日内对出境后进境的重点保护古生物化石进行鉴定，并出具书面鉴定意见。鉴定意见应当作为重点保护古生物化石进境核查结论的重要依据。

国务院国土资源主管部门应当自受理申请之日起15个工作日内完成核查，作出核查结论；对确认为非原出境重点保护古生物化石的，责令申请人追回原出境重点保护古生物化石。

**第三十二条** 境外古生物化石临时进境的，应当交由海关加封，由境内有关单位或者个人自办结进境海关手续之日起5日内向国务院国土资源主管部门申请核查、登记。国务院国土资源主管部门核查海关封志完好无损的，逐件进行拍照、登记。

临时进境的古生物化石进境后出境的，由境内有关单位或者个人向国务院国土资源主管部门申请核查。国务院国土资源主管部门应当依照本条例第三十一条第二款规定的程序，自受理申请之日起 15 个工作日内完成核查，对确认为原临时进境的古生物化石的，批准出境。

境内单位或者个人从境外取得的古生物化石进境的，应当向海关申报，按照海关管理的有关规定办理进境手续。

第三十三条 运送、邮寄、携带古生物化石出境的，应当如实向海关申报，并向海关提交国务院国土资源主管部门或者省、自治区、直辖市人民政府国土资源主管部门的出境批准文件。

对有理由怀疑属于古生物化石的物品出境的，海关可以要求有关单位或者个人向国务院国土资源主管部门或者出境口岸所在地的省、自治区、直辖市人民政府国土资源主管部门申请办理是否属于古生物化石的证明文件。

第三十四条 国家对违法出境的古生物化石有权进行追索。

国务院国土资源主管部门代表国家具体负责追索工作。国务院外交、公安、海关等部门应当配合国务院国土资源主管部门做好违法出境古生物化石的追索工作。

# 第五章　法律责任

第三十五条 县级以上人民政府国土资源主管部门及其工作人员有下列行为之一的，对直接负责的主管人员和其他直接责任人员依法给予处分；直接负责的主管人员和其他直接责任人员构成犯罪的，依法追究刑事责任：

（一）未依照本条例规定批准古生物化石发掘的；

（二）未依照本条例规定批准古生物化石出境的；

（三）发现违反本条例规定的行为不予查处，或者接到举报不依法处理的；

（四）其他不依法履行监督管理职责的行为。

**第三十六条** 单位或者个人有下列行为之一的，由县级以上人民政府国土资源主管部门责令停止发掘，限期改正，没收发掘的古生物化石，并处 20 万元以上 50 万元以下的罚款；构成违反治安管理行为的，由公安机关依法给予治安管理处罚；构成犯罪的，依法追究刑事责任：

（一）未经批准发掘古生物化石的；

（二）未按照批准的发掘方案发掘古生物化石的。

有前款第（二）项行为，情节严重的，由批准古生物化石发掘的国土资源主管部门撤销批准发掘的决定。

**第三十七条** 古生物化石发掘单位未按照规定移交发掘的古生物化石的，由批准古生物化石发掘的国土资源主管部门责令限期改正；逾期不改正，或者造成古生物化石损毁的，处 10 万元以上 50 万元以下的罚款；直接负责的主管人员和其他直接责任人员构成犯罪的，依法追究刑事责任。

**第三十八条** 古生物化石收藏单位不符合收藏条件收藏古生物化石的，由县级以上人民政府国土资源主管部门责令限期改正；逾期不改正的，处 5 万元以上 10 万元以下的罚款；已严重影响其收藏的重点保护古生物化石安全的，由国务院国土资源主管部门指定符合条件的收藏单位代为收藏，代为收藏的费用由原收藏单位承担。

**第三十九条** 古生物化石收藏单位未按照规定建立本单位收藏的古生物化石档案的，由县级以上人民政府国土资源主管部门责令限期改正；逾期不改正的，没收有关古生物化石，并处 2 万元的罚款。

**第四十条** 单位或者个人违反规定买卖重点保护古生物化石的，由工商行政管理部门责令限期改正，没收违法所得，并处 5

万元以上 20 万元以下的罚款；构成违反治安管理行为的，由公安机关依法给予治安管理处罚；构成犯罪的，依法追究刑事责任。

**第四十一条** 古生物化石收藏单位之间未经批准转让、交换、赠与其收藏的重点保护古生物化石的，由县级以上人民政府国土资源主管部门责令限期改正；有违法所得的，没收违法所得；逾期不改正的，对有关收藏单位处 5 万元以上 20 万元以下的罚款。国有收藏单位将其收藏的重点保护古生物化石违法转让、交换、赠与给非国有收藏单位或者个人的，对国有收藏单位处 20 万元以上 50 万元以下的罚款，对直接负责的主管人员和其他直接责任人员依法给予处分；构成犯罪的，依法追究刑事责任。

**第四十二条** 单位或者个人将其收藏的重点保护古生物化石转让、交换、赠与、质押给外国人或者外国组织的，由县级以上人民政府国土资源主管部门责令限期追回，对个人处 2 万元以上 10 万元以下的罚款，对单位处 10 万元以上 50 万元以下的罚款；有违法所得的，没收违法所得；构成犯罪的，依法追究刑事责任。

**第四十三条** 单位或者个人未取得批准运送、邮寄、携带古生物化石出境的，由海关依照有关法律、行政法规的规定予以处理；构成犯罪的，依法追究刑事责任。

**第四十四条** 县级以上人民政府国土资源主管部门、其他有关部门的工作人员，或者国有的博物馆、科学研究单位、高等院校、其他收藏单位以及发掘单位的工作人员，利用职务上的便利，将国有古生物化石非法占为己有的，依法给予处分，由县级以上人民政府国土资源主管部门追回非法占有的古生物化石；有违法所得的，没收违法所得；构成犯罪的，依法追究刑事责任。

# 第六章　附　则

**第四十五条** 本条例自 2011 年 1 月 1 日起施行。

# 附 录

## 古生物化石保护条例实施办法

中华人民共和国国土资源部令

第 64 号

《国土资源部关于修改和废止部分规章的决定》已经 2016 年 1 月 5 日国土资源部第 1 次部务会议审议通过，现予以公布，自公布之日起施行。

国土资源部部长

2016 年 1 月 8 日

（2012 年 12 月 27 日中华人民共和国国土资源部令第 57 号公布；根据 2015 年 5 月 6 日国土资源部第 2 次部务会议《国土资源部关于修改〈地质灾害危险性评估单位资质管理办法〉等 5 部规章的决定》第一次修正；根据 2016 年 1 月 5 日国土资源部第 1 次部务会议《国土资源部关于修改和废止部分规章的决定》第二次修正）

## 第一章 总 则

**第一条** 依据《古生物化石保护条例》（以下简称《条

例》），制定本办法。

第二条　国土资源部负责全国古生物化石保护的组织、协调、指导和监督管理，履行下列职责：

（一）依据法律、行政法规和国家有关规定，研究制定古生物化石保护的规章制度、方针政策以及有关技术标准和规范；

（二）组织成立国家古生物化石专家委员会，制定章程，保障国家古生物化石专家委员会依照《条例》的规定开展工作，发挥专家的专业指导和咨询作用；

（三）组织制定国家古生物化石分级标准，审查批准并分批公布重点保护古生物化石名录和重点保护古生物化石集中产地名录；

（四）依据《条例》规定的权限和程序，负责古生物化石发掘、流通、进出境等相关事项的审批；

（五）建立和管理全国的重点保护古生物化石档案和数据库；

（六）监督检查古生物化石保护和管理的法律、行政法规的实施，依法查处重大违法案件；

（七）组织开展古生物化石保护的科学研究、宣传教育和管理业务培训；

（八）法律、行政法规规定的其他职责。

第三条　省、自治区、直辖市人民政府国土资源主管部门负责本行政区域内古生物化石保护的组织、协调、指导和监督管理，履行下列职责：

（一）贯彻执行古生物化石保护的法律、法规、规章制度和方针政策；

（二）组织协调有关部门和单位支持国家古生物化石专家委员会依照《条例》的规定开展工作。通过成立省级古生物化石专家委员会等方式，发挥专家的专业指导和咨询作用；

（三）依据《条例》和省、自治区、直辖市有关规定确定的权限和程序，负责本行政区域内一般保护古生物化石发掘、进出境等相关事项的审批；

（四）建立和管理本行政区域的重点保护古生物化石档案和数据库；

（五）监督检查古生物化石保护和管理法律、法规、规章在本行政区域内的实施，依法查处违法案件；

（六）组织开展本行政区域内古生物化石保护的科学研究、宣传教育和管理业务培训；

（七）法律、法规以及国土资源部规定的其他职责。

**第四条** 设区的市、县级人民政府国土资源主管部门依据《条例》和省、自治区、直辖市的有关规定，负责本行政区域内古生物化石保护的管理和监督检查。

**第五条** 县级以上人民政府国土资源主管部门应当确定相应的机构和人员承担古生物化石保护的管理和监督检查工作。

**第六条** 国家古生物化石专家委员会负责为古生物化石保护和管理提供专业指导和咨询，主要承担下列工作：

（一）参与古生物化石保护和管理的法律、法规、规章制度和方针政策的制定；

（二）对重点保护古生物化石集中产地保护规划出具评审意见；

（三）拟定古生物化石保护和管理的有关技术标准和规范；

（四）拟定重点保护古生物化石名录和重点保护古生物化石集中产地名录；

（五）为建立国家级古生物化石自然保护区和涉及重点保护古生物化石的地质公园、博物馆等提供咨询服务；

（六）对古生物化石发掘申请出具评审意见；

（七）对申请进出境的重点保护古生物化石、涉嫌违法进出境的古生物化石、有关部门查获的古生物化石等出具鉴定意见；

（八）对古生物化石收藏单位进行评估定级；

（九）开展古生物化石保护和管理的专业培训；

（十）国土资源部规定的其他事项。

国土资源部成立国家古生物化石专家委员会办公室，负责国家古生物化石专家委员会的日常工作。

国家古生物化石专家委员会的章程由国土资源部另行制定。

省、自治区、直辖市人民政府国土资源主管部门可以根据实际工作需要，成立省级古生物化石专家委员会及办公室，具体办法由省、自治区、直辖市人民政府国土资源主管部门制定。省级古生物化石专家委员会接受国家古生物化石专家委员会的专业指导。

**第七条**　古生物化石分为重点保护古生物化石和一般保护古生物化石。按照科学价值重要程度、保存完整程度和稀少程度，将重点保护古生物化石划分为一级、二级和三级。

重点保护古生物化石分级标准和重点保护古生物化石名录由国土资源部另行制定。

**第八条**　重点保护古生物化石集中产地所在地设区的市、县级人民政府国土资源主管部门，应当组织编制重点保护古生物化石集中产地保护规划，针对当地古生物化石的分布、产出情况，分类采取保护措施，作出具体安排。重点保护古生物化石集中产地保护规划由所在地的省、自治区、直辖市人民政府国土资源主管部门初审，经国家古生物化石专家委员会评审通过，由所在地设区的市、县级人民政府批准后实施。

重点保护古生物化石集中产地保护规划经批准后，重点保护古生物化石集中产地所在地设区的市、县级人民政府国土资源主管部门应当在30个工作日内逐级上报国土资源部备案。

重点保护古生物化石集中产地名录由国家古生物化石专家委员会拟定，由国土资源部公布。

**第九条** 申请建立国家级古生物化石自然保护区和涉及重点保护古生物化石的地质公园、博物馆的，申请单位应当在向有关主管部门提出申请前征求国家古生物化石专家委员会的意见。

**第十条** 县级以上人民政府国土资源主管部门应当将古生物化石保护工作所需经费纳入年度预算，专款用于古生物化石保护管理、产地和标本保护、调查评价、规划编制、评审鉴定、咨询评估、科研科普、宣传培训等工作。

**第十一条** 单位或者个人有下列行为之一的，由县级以上人民政府国土资源主管部门给予奖励：

（一）严格执行国家有关法律法规，在古生物化石保护管理、科学研究、宣传教育等方面做出显著成绩的；

（二）举报或制止违法犯罪行为，使重点保护古生物化石得到保护的；

（三）将合法收藏的重点保护古生物化石捐赠给国有收藏单位的；

（四）发现重点保护古生物化石及时报告或者上交的；

（五）其他对古生物化石保护工作做出突出贡献的。

**第十二条** 国家鼓励单位或者个人通过捐赠等方式设立古生物化石保护基金，专门用于古生物化石保护，任何单位或者个人不得侵占、挪用。

## 第二章　古生物化石发掘

**第十三条** 在国家级古生物化石自然保护区内发掘古生物化石，或者在其他区域发掘古生物化石涉及重点保护古生物化石的，应当向国土资源部提出申请并取得批准。

除前款规定的情形外，其他申请发掘古生物化石的，应当向古生物化石所在地的省、自治区、直辖市人民政府国土资源主管部门提出申请并取得批准。

**第十四条** 申请发掘古生物化石的单位，应当提交下列材料：

（一）古生物化石发掘申请表；

（二）申请发掘古生物化石单位的证明材料；

（三）古生物化石发掘方案，包括发掘时间和地点、发掘对象、发掘地的地形地貌、区域地质条件、发掘面积、层位和工作量、发掘技术路线、发掘领队及参加人员情况等；

（四）古生物化石发掘标本保存方案，包括发掘的古生物化石可能的属种、古生物化石标本保存场所及其保存条件、防止化石标本风化、损毁的措施等；

（五）古生物化石发掘区自然生态条件恢复方案，包括发掘区自然生态条件现状、发掘后恢复自然生态条件的目标任务和措施、自然生态条件恢复工程量、自然生态条件恢复工程经费概算及筹措情况；

（六）法律、法规规定的其他材料。

**第十五条** 本办法第十四条第二项规定的证明材料包括：

（一）单位性质证明材料；

（二）3名以上技术人员的古生物专业或者相关专业的技术职称证书，及其3年以上古生物化石的发掘经历证明。发掘活动的领队除应当提供3年以上古生物化石的发掘经历证明以外，还应当提供古生物专业高级职称证书；

（三）符合古生物化石发掘需要的设施、设备的证明材料；

（四）古生物化石修复技术和保护工艺的证明材料；

（五）符合古生物化石安全保管的设施、设备和场所的证明材料。

同一单位两年内再次提出发掘申请的，可以不再提交以上材料，但应当提供发掘活动领队的证明材料。

**第十六条** 国土资源部应当自受理发掘申请之日起 5 个工作日内，向古生物化石所在地的省、自治区、直辖市人民政府国土资源主管部门发送征求意见函。省、自治区、直辖市人民政府国土资源主管部门应当听取古生物化石所在地设区的市、县级国土资源主管部门的意见，并在 10 个工作日内向国土资源部回复意见。

**第十七条** 国土资源部和省、自治区、直辖市人民政府国土资源主管部门批准发掘申请后，应当将批准文件抄送古生物化石所在地的县级以上地方人民政府国土资源主管部门。

**第十八条** 发掘古生物化石的单位，改变古生物化石发掘方案、发掘标本保存方案和发掘区自然生态条件恢复方案的，应当报原批准发掘的国土资源主管部门批准。

**第十九条** 依据《条例》的规定零星采集古生物化石标本的，不需要申请批准。零星采集活动的负责人应当在采集活动开始前向古生物化石所在地的省、自治区、直辖市人民政府国土资源主管部门提交零星采集古生物化石告知书。有关省、自治区、直辖市人民政府国土资源主管部门应当予以支持。

零星采集单位应当按照零星采集古生物化石告知书中的内容开展采集活动。确需改变零星采集计划的，采集活动的负责人应当将变更情况及时告知古生物化石所在地的省、自治区、直辖市人民政府国土资源主管部门。

**第二十条** 中外合作开展的科学研究项目，需要在中华人民共和国领域和中华人民共和国管辖的其他海域发掘古生物化石的，发掘申请由中方化石发掘单位向国土资源部提出，发掘领队由中方人员担任，发掘的古生物化石归中方所有。

第二十一条　建设工程选址，应当避开重点保护古生物化石赋存的区域；确实无法避开的，应当采取必要的保护措施，或者依据《条例》的有关规定由县级以上人民政府国土资源主管部门组织实施抢救性发掘。

第二十二条　发掘古生物化石给他人生产、生活造成损失的，发掘单位应当采取必要的补救措施，并承担相应的赔偿责任。

## 第三章　古生物化石收藏

第二十三条　古生物化石收藏单位可以通过下列方式合法收藏重点保护古生物化石：

（一）依法发掘；

（二）依法转让、交换、赠与；

（三）接受委托保管、展示；

（四）国土资源主管部门指定收藏；

（五）法律、法规规定的其他方式。

任何单位和个人不得收藏违法获得或者不能证明合法来源的古生物化石。

第二十四条　收藏古生物化石的收藏单位，应当符合《条例》规定的收藏条件，保障其收藏的古生物化石安全。

依据收藏条件，将古生物化石收藏单位分为甲、乙、丙三个级别。古生物化石收藏单位的级别，由国家古生物化石专家委员会评定，并定期开展评估。国家古生物化石专家委员会应当将级别评定结果和评估结果报国土资源部备案。

级别评定结果和评估结果应当定期公布，作为县级以上人民政府国土资源主管部门对收藏单位进行管理和监督检查的重要依据。

第二十五条　甲级古生物化石收藏单位应当符合下列条件：

（一）有固定的馆址、专用展室和保管场所；

（二）古生物化石收藏、修复、展示的场所及附属设施的面积不小于 2000 平方米；

（三）拥有相关研究成果的古生物专业或者相关专业的技术人员不少于 20 人；

（四）有防止古生物化石自然毁损的技术、工艺和完备的防火防盗等设施、设备；

（五）有完善的古生物化石档案和数据库系统；

（六）有完善的古生物化石收集、登记、入库、保管、使用、注销以及资产、安全防范等方面的管理制度；

（七）有稳定的经费来源，设立了年度保护专项经费。

**第二十六条** 乙级古生物化石收藏单位应当符合下列条件：

（一）有固定的馆址、专用展室和保管场所；

（二）古生物化石收藏、修复、展示的场所及附属设施的面积不小于 1000 平方米；

（三）拥有相关研究成果的古生物专业或者相关专业的技术人员不少于 10 人；

（四）有防止古生物化石自然毁损的技术、工艺和比较完备的防火防盗等设施、设备；

（五）有比较完善的古生物化石档案和数据库系统；

（六）有比较完善的古生物化石收集、登记、入库、保管、使用、注销以及资产、安全防范等方面的管理制度；

（七）有稳定的经费来源，能保障正常运转。

**第二十七条** 丙级古生物化石收藏单位应当符合下列条件：

（一）有固定的馆址、专用展室和保管场所；

（二）古生物化石收藏、展示的场所及附属设施的面积不小于 300 平方米；

（三）拥有相关研究成果的古生物专业或者相关专业的技术人员不少于3人；

（四）有防止古生物化石自然毁损的技术、工艺和防火防盗等设施、设备；

（五）建立了古生物化石档案和数据库；

（六）建立了古生物化石收集、登记、入库、保管、使用、注销以及资产、安全防范等方面的管理制度；

（七）有稳定的经费来源，能维持正常运转。

**第二十八条**　收藏古生物化石模式标本的单位，应当符合甲级古生物化石收藏单位的收藏条件。收藏模式标本以外的一级重点保护古生物化石的单位，应当符合乙级以上古生物化石收藏单位的收藏条件。收藏二级、三级重点保护古生物化石的单位，应当符合丙级以上古生物化石收藏单位的收藏条件。但是，有下列情形之一的除外：

（一）在古生物化石产地和地质公园内设立的博物馆（陈列馆），因科普宣传需要收藏本地发掘的古生物化石的；

（二）古生物化石科研机构、高等院校，因科学研究、教学的需要，在标本库中保存古生物化石的；

（三）国土资源部规定的其他情形。

前款规定的单位收藏和保存重点保护古生物化石的，应当采取必要的保护措施。

**第二十九条**　古生物化石收藏单位应当建立古生物化石档案，并将本单位收藏的重点保护古生物化石档案报所在地的县级以上人民政府国土资源主管部门备案。

古生物化石收藏单位应当在档案中如实对本单位收藏的古生物化石作出描述和标注，并根据收藏情况变化及时对档案作出变更。古生物化石收藏单位对本单位的古生物化石档案的真实性负责。

收藏单位的法定代表人变更时，应当办理本单位收藏的古生物化石档案的移交手续。

**第三十条** 国土资源部负责制定古生物化石档案和数据库建设标准，建立和管理全国的重点保护古生物化石档案和数据库。县级以上地方人民政府国土资源主管部门负责建立和管理本行政区域的重点保护古生物化石档案和数据库。

**第三十一条** 重点保护古生物化石失窃或者遗失的，收藏单位应当立即向当地公安机关报案，同时向所在地的县级以上人民政府国土资源主管部门报告。县级以上人民政府国土资源主管部门应当在 24 小时内逐级上报国土资源部。国土资源部应当立即通报海关总署，防止重点保护古生物化石流失境外。

**第三十二条** 国家古生物化石专家委员会每三年组织专家对古生物化石收藏单位进行一次评估，并根据评估结果，对收藏单位的级别进行调整。

收藏单位对级别评定结果和评估结果有异议的，可以申请国家古生物化石专家委员会另行组织专家重新评估。

**第三十三条** 古生物化石收藏单位应当在每年 1 月 31 日前向所在地设区的市、县级人民政府国土资源主管部门报送年度报告。年度报告应当包括本单位上一年度藏品、人员和机构的变动情况以及国内外展览、标本安全、科普教育、科学研究、财务管理等情况。

设区的市、县级人民政府国土资源主管部门应当在每年 2 月 28 日前，将上一年度本行政区域内古生物化石收藏单位年度报告逐级上报省、自治区、直辖市人民政府国土资源主管部门。省、自治区、直辖市人民政府国土资源主管部门应当在每年 3 月 31 日前汇总并报送国土资源部。

县级以上人民政府国土资源主管部门应当对古生物化石收藏单位进行实地抽查。

**第三十四条** 国家鼓励单位和个人将《条例》施行前收藏的重点保护古生物化石，在规定期限内到所在地的省、自治区、直辖市人民政府国土资源主管部门进行登记。省、自治区、直辖市人民政府国土资源主管部门应当将登记结果纳入本行政区域的重点保护古生物化石档案和数据库。

**第三十五条** 国家鼓励单位或个人将其合法收藏的重点保护古生物化石委托符合条件的收藏单位代为保管或者展示。

**第三十六条** 国土资源部或者省、自治区、直辖市人民政府国土资源主管部门应当组织专家对公安、工商行政管理、海关等部门查获的有理由怀疑属于古生物化石的物品进行鉴定，出具是否属于古生物化石的证明文件。

公安、工商行政管理、海关等部门依法没收的古生物化石由同级国土资源主管部门负责接收。有关国土资源主管部门应当出具接收凭证，并将接收的古生物化石交符合条件的收藏单位收藏。

## 第四章 古生物化石流通

**第三十七条** 未经批准，重点保护古生物化石不得流通。国家鼓励单位和个人将其合法收藏的重点保护古生物化石捐赠给符合条件的收藏单位收藏。

**第三十八条** 收藏单位不得将收藏的重点保护古生物化石转让、交换、赠与给不符合收藏条件的单位和个人。

收藏单位之间转让、交换或者赠与重点保护古生物化石的，应当向国土资源部提出申请，并提交下列材料：

（一）重点保护古生物化石流通申请表；

（二）转让、交换、赠与合同；

（三）转让、交换、赠与的古生物化石清单和照片；

（四）接收方符合本办法规定的相应古生物化石收藏条件的证明材料。

国土资源部应当在收到申请之日起20个工作日内作出是否批准的决定。

国土资源部批准转让、交换或者赠与申请前，应当征求有关收藏单位所在地的省、自治区、直辖市人民政府国土资源主管部门的意见；批准申请后，应当将有关情况通报有关收藏单位所在地的省、自治区、直辖市人民政府国土资源主管部门。

**第三十九条** 买卖一般保护古生物化石的，应当依据省、自治区、直辖市人民政府的规定，在县级以上地方人民政府指定的场所进行。县级以上地方人民政府国土资源主管部门应当加强对本行政区域内一般保护古生物化石买卖的监督管理。

**第四十条** 收藏单位不再收藏的一般保护古生物化石，可以依法流通。

## 第五章　古生物化石进出境

**第四十一条** 国土资源部对全国的古生物化石出境活动进行统筹协调。省、自治区、直辖市人民政府国土资源主管部门，应当在每年12月31日前，将本行政区域内有关单位的下一年度古生物化石出境计划汇总上报国土资源部。

**第四十二条** 申请重点保护古生物化石出境的单位或者个人应当向国土资源部提交下列材料：

（一）古生物化石出境申请表；

（二）申请出境的古生物化石清单和照片。古生物化石清单内容包括标本编号、标本名称、重点保护级别、产地、发掘时间、发掘层位、标本尺寸和收藏单位等；

（三）外方合作单位的基本情况及资信证明；

（四）合作研究合同或者展览合同；

（五）出境古生物化石的保护措施；

（六）出境古生物化石的应急保护预案；

（七）出境古生物化石的保险证明；

（八）国土资源部规定的其他材料。

**第四十三条** 申请一般保护古生物化石出境的单位或者个人应当向所在地的省、自治区、直辖市人民政府国土资源主管部门提交下列材料：

（一）古生物化石出境申请表；

（二）申请出境的古生物化石清单和照片。古生物化石清单内容包括标本名称、产地、标本尺寸及数量等。

**第四十四条** 经批准出境的重点保护古生物化石进境的，申请人应当自办结进境海关手续之日起 5 日内向国土资源部申请进境核查，提交出境古生物化石进境核查申请表。

**第四十五条** 境外古生物化石临时进境的，境内的合作单位或者个人应当依据《条例》的规定向国土资源部申请核查、登记，提交下列材料：

（一）境外古生物化石临时进境核查申请表；

（二）合作合同；

（三）进境化石的清单和照片。古生物化石清单内容包括标本名称、属种、编号、尺寸、产地等；

（四）外方批准古生物化石合法出境的证明材料。

**第四十六条** 境外古生物化石在境内展览、合作研究或教学等活动结束后，由境内有关单位或者个人向国土资源部申请核查，提交下列材料：

（一）境外古生物化石复出境申请表；

（二）复出境古生物化石清单及照片。古生物化石清单内容包括标本名称、属种、编号、尺寸、产地等；

（三）国土资源部对该批古生物化石进境的核查、登记凭证。

**第四十七条** 对境外查获的有理由怀疑属于我国古生物化石的物品，国土资源部应当组织国家古生物化石专家委员会进行鉴定。对违法出境的古生物化石，国土资源部应当在国务院外交、公安、海关等部门的支持和配合下进行追索。追回的古生物化石，由国土资源部交符合相应条件的收藏单位收藏。

**第四十八条** 因科学研究、文化交流等原因合法出境的古生物化石，境外停留期限超过批准期限的，批准出境的国土资源主管部门应当责令境内申请人限期追回出境的古生物化石。逾期未追回的，参照本办法关于违法出境的古生物化石的有关规定处理。

## 第六章 法律责任

**第四十九条** 县级以上人民政府国土资源主管部门及其工作人员有下列行为之一的，由上级人民政府国土资源主管部门责令限期改正；逾期不改正的，对直接负责的主管人员和其他直接责任人员依法给予处分：

（一）未依照本办法的规定编制和实施重点保护古生物化石集中产地保护规划的；

（二）未依照本办法的规定建立和管理古生物化石档案和数据库的；

（三）未依照本办法的规定将重点保护古生物化石失窃或者遗失的情况报告国土资源部的；

（四）其他不依法履行监督管理职责的行为。

**第五十条** 未经批准发掘古生物化石或者未按照批准的发掘方案发掘古生物化石的，县级以上人民政府国土资源主管部门责令停止发掘，限期改正，没收发掘的古生物化石，并处罚款。在国家级古生物化石自然保护区、国家地质公园和重点保护古生物化石集中产地内违法发掘的，处30万元以上50万元以下罚款；在其他区域内违法发掘的，处20万元以上30万元以下罚款。

未经批准或者未按照批准的发掘方案发掘古生物化石，构成违反治安管理行为的，由公安机关依法给予治安管理处罚；构成犯罪的，依法追究刑事责任。

未按照批准的发掘方案发掘古生物化石，情节严重的，由批准古生物化石发掘的国土资源主管部门撤销批准发掘的决定。

**第五十一条** 单位或者个人在生产、建设活动中发现古生物化石不报告的，由县级以上人民政府国土资源主管部门对建设工程实施单位处1万元以下罚款；造成古生物化石损毁的，依法承担相应的法律责任。

**第五十二条** 古生物化石发掘单位未按照规定移交古生物化石的，由批准发掘的国土资源主管部门责令限期改正；逾期不改正，或者造成古生物化石损毁的，涉及一般保护古生物化石的，处10万元以上20万元以下罚款；涉及重点保护古生物化石的，处20万元以上50万元以下罚款；直接负责的主管人员和其他直接责任人员构成犯罪的，依法追究刑事责任。

**第五十三条** 收藏单位不符合本办法规定的收藏条件收藏古生物化石的，由县级以上人民政府国土资源主管部门责令限期改正；逾期不改正的，处5万元以上10万元以下的罚款；已严重影响其收藏的重点保护古生物化石安全的，由国土资源部指定符合本办法规定的收藏条件的收藏单位代为收藏，代为收藏的费用由原收藏单位承担。

**第五十四条** 单位或者个人违反本办法的规定，收藏违法获得或者不能证明合法来源的重点保护古生物化石的，由县级以上人民政府国土资源主管部门依法没收有关古生物化石，并处 3 万元以下罚款。

第五十五条　古生物化石收藏单位之间未经批准转让、交换、赠与其收藏的重点保护古生物化石的，由县级以上人民政府国土资源主管部门责令限期改正；有违法所得的，没收违法所得；逾期不改正的，涉及三级重点保护古生物化石的，对有关收藏单位处 5 万元以上 10 万元以下罚款；涉及二级重点保护古生物化石的，对有关收藏单位处 10 万元以上 15 万元以下罚款；涉及一级重点保护古生物化石的，对有关收藏单位处 15 万元以上 20 万元以下罚款。

第五十六条　国有收藏单位将其收藏的重点保护古生物化石违法转让、交换、赠与给非国有收藏单位或者个人的，由县级以上人民政府国土资源主管部门责令限期改正；逾期不改正的，涉及三级重点保护古生物化石的，对国有收藏单位处 20 万元以上 30 万元以下罚款；涉及二级重点保护古生物化石的，对国有收藏单位处 30 万元以上 40 万元以下罚款；涉及一级重点保护古生物化石的，对国有收藏单位处 40 万元以上 50 万元以下罚款，对直接负责的主管人员和其他直接责任人员依法给予处分；构成犯罪的，依法追究刑事责任。

第五十七条　单位或者个人将其收藏的重点保护古生物化石转让、交换、赠与、质押给外国人或者外国组织的，由县级以上人民政府国土资源主管部门责令限期追回，涉及三级重点保护古生物化石的，对单位处 10 万元以上 30 万元以下罚款，对个人处 2 万元以上 3 万元以下罚款；涉及二级重点保护古生物化石的，对单位处 30 万元以上 40 万元以下罚款，对个人处 3 万元以上 5 万元以下罚款；涉及一级重点保护古生物化石的，对单位处 40 万元以上 50 万元以下罚款，对个人处 5 万元以上 10 万元以下罚款；有违法所得的，没收违法所得；构成犯罪的，依法追究刑事责任。

**第五十八条** 古生物化石专家违反法律法规和本办法的规定，开展评审、鉴定、评估等工作，违背职业道德、危害国家利益的，不得担任国家古生物化石专家委员会或者省级古生物化石专家委员会的委员；构成犯罪的，依法追究刑事责任。

## 第七章 附 则

**第五十九条** 本办法规定的古生物化石发掘申请表、零星采集古生物化石告知书、重点保护古生物化石流通申请表、古生物化石出境申请表、出境古生物化石进境核查申请表、境外古生物化石临时进境核查申请表、境外古生物化石复出境申请表等申请材料的格式由国土资源部另行制定。

**第六十条** 本办法自 2013 年 3 月 1 日起施行。

# 古生物化石管理办法

## 中华人民共和国国土资源部令
## 第 13 号

《古生物化石管理办法》，已经 2002 年 4 月 3 日国土资源部第 4 次部务会议通过，现予发布，自 2002 年 10 月 1 日起施行。

国土资源部部长
二〇〇二年七月二十九日

**第一条** 为保护古生物化石，加强古生物化石的管理，制定本办法。

**第二条** 本办法所称古生物化石，是指地质时期形成并赋存于地层中的动物、植物等遗体化石或者遗迹化石。

**第三条** 国土资源部主管全国古生物化石的管理和监督工作。

县级以上地方人民政府地质矿产主管部门负责本行政区域内古生物化石的管理和监督工作。

**第四条** 在保护古生物化石方面成绩显著的单位和个人，由县级以上人民政府地质矿产主管部门给予奖励。

**第五条** 国家对下列古生物化石和古生物化石产地实行重点保护：

（一）已经命名的古生物化石种属的模式标本；

（二）保存完整或者较完整的稀有的古脊椎动物化石；

（三）国内稀有或者在生物进化及分类中具有特殊意义的化石；

（四）大型的或者集中赋存的重要古生物化石产地。

本条第（一）、（二）、（三）项规定的重点保护的古生物化石名录，由国土资源部制定并公布。

**第六条** 单位和个人在生产建设等活动中发现古生物化石的，应当保护现场，并及时告知发现地县级人民政府地质矿产主管部门。遇有重要发现，发现地县级人民政府地质矿产主管部门应当及时报告上级人民政府地质矿产主管部门。

**第七条** 国土资源部组织编制全国古生物化石保护规划。

省、自治区、直辖市人民政府地质矿产主管部门会同有关部门依据全国古生物化石保护规划，编制本行政区域的古生物化石保护规划。

**第八条** 对大型的或者集中赋存的重要古生物化石产地，应当依据古生物化石保护规划，按照《中华人民共和国自然保护区条例》的有关规定，设立古生物化石保护区。

古生物化石保护区分为国家级古生物化石保护区和省级古生物化石保护区。

古生物化石保护区的管理，按照国家有关自然保护区的规定进行。

**第九条** 禁止任何单位和个人擅自采掘古生物化石。

科研机构、高等院校为了科学研究、教学和科学普及的需要，在国家级古生物化石保护区内采掘古生物化石的，由国土资源部组织古生物化石专家评审；在省级古生物化石保护区采掘古生物化石或者在省级古生物化石保护区外采掘重点保护的古生物化石的，由省、自治区、直辖市人民政府地质矿产主管部门组织古生物化石专家评审。

古生物化石采掘评审办法由国土资源部制定。

**第十条** 科研机构、高等院校依照本办法第九条第二款的规定采掘古生物化石的，应当拟订古生物化石采掘方案，并将方案提交古生物化石专家进行评审。

古生物化石采掘方案应当包括采掘单位的基本情况、采掘目的、时间、地点、范围、数量和方式等。

**第十一条** 科研机构、高等院校必须按照经古生物化石专家评审的采掘方案进行采掘活动，并在采掘活动结束后30日内，将采掘获得的全部古生物化石清单报采掘所在地的县级人民政府地质矿产主管部门备案。

科研机构、高等院校不得将采掘获得的古生物化石用于经营活动。

**第十二条** 采掘获得的重点保护的古生物化石，应当交由符合规定条件的馆藏机构保存；确有需要的，可以由有关科研机构或者高等院校保存。

**第十三条** 保存重点保护的古生物化石，必须采取妥善的保护措施，具备确保化石安全的防火、防盗、防自然损害等防护设施和技术条件。

**第十四条** 采掘所在地的县级人民政府地质矿产主管部门负责对古生物化石的采掘活动进行监督管理。对不按照本办法规定擅自采掘古生物化石的，有权制止。

**第十五条** 科研机构和高等院校在采掘工作中应当注意保护环境。对造成破坏的土地，按照"谁破坏，谁复垦"的原则，采取整治措施，使其恢复到可利用的状态。

**第十六条** 因科学研究、教学、科普展览等，需将古生物化石运送出境的，由国土资源部发放出境证明。

对临时入境、复带出境的古生物化石的查验、复验，由国土资源部指定的机构负责；查验、复验相符的，由国土资源部发放出境证明。

**第十七条** 违反本办法，有下列行为之一的，由县级以上人民政府地质矿产主管部门责令限期改正，并视情节处以 3 万元以下的罚款；构成犯罪的，依法追究刑事责任：

（一）未经古生物化石专家评审擅自采掘古生物化石的；

（二）未按照采掘方案进行采掘活动的；

（三）未将采掘报告提交备案的；

（四）未提交采掘的古生物化石清单或者提交虚假清单的；

（五）将采掘的古生物化石用于经营活动的；

（六）故意损毁、破坏重点保护的古生物化石、产地以及采掘现场的。

**第十八条** 地质矿产主管部门的工作人员在古生物化石管理工作中滥用职权、玩忽职守、徇私舞弊，构成犯罪的，依法追究刑事责任；尚不构成犯罪的，依法给予行政处分。

**第十九条** 本办法自 2002 年 10 月 1 日起施行。

# 古人类化石和古脊椎动物化石
# 保护管理办法

中华人民共和国文化部令

第 38 号

《古人类化石和古脊椎动物化石保护管理办法》已经 2006 年 7 月 3 日文化部部务会议审议通过，现予公布，自公布之日起施行。

文化部部长

二〇〇六年八月七日

第一条 为加强对古人类化石和古脊椎动物化石的保护和管理，根据《中华人民共和国文物保护法》制定本办法。

第二条 本办法所称古人类化石和古脊椎动物化石，指古猿化石、古人类化石及其与人类活动有关的第四纪古脊椎动物化石。

第三条 国务院文物行政部门主管全国古人类化石和古脊椎动物化石的保护和管理工作。

县级以上地方人民政府文物行政部门对本行政区域内的古人类化石和古脊椎动物化石的保护实施监督管理。

第四条 古人类化石和古脊椎动物化石分为珍贵化石和一般化石；珍贵化石分为三级。古人类化石、与人类有祖裔关系的古猿化石、代表性的与人类有旁系关系的古猿化石、代表性的与人类起源演化有关的第四纪古脊椎动物化石为一级化石；其他与人类有旁系关系的古猿化石、系统地位暂不能确定的古猿化石、其他重要的与人类起源演化有关的第四纪古脊椎动物化石为二级化石；其他有科学价值的与人类起源演化有关的第四纪古脊椎动物化石为三级化石。

一、二、三级化石和一般化石的保护和管理，按照国家有关一、二、三级文物和一般文物保护管理的规定实施。

第五条 古人类化石和古脊椎动物化石地点以及遗迹地点，纳入不可移动文物的保护和管理体系，并根据其价值，报请核定公布为各级文物保护单位。

第六条 古人类化石和古脊椎动物化石的考古调查、勘探和发掘工作，按照国家有关文物考古调查、勘探和发掘的管理规定实施管理。

地下埋藏的古人类化石和古脊椎动物化石，任何单位或者个人不得私自发掘。

古人类化石和古脊椎动物化石的考古发掘项目，其领队及主要工作人员应当具有古生物学及其它相关学科的研究背景。

第七条 建设工程涉及地下可能埋藏古人类化石和古脊椎动物化石的调查、勘探和发掘工作的程序和要求，按照国家有关建设工程涉及地下可能埋藏文物的调查、勘探和发掘工作的规定执行。

第八条 在进行建设工程或者在农业生产中，任何单位或者个人发现古人类化石和古脊椎动物化石，应当保护现场，立即报告当地文物行政部门。文物行政部门应当按照《中华人民共和国文物保护法》第三十二条第一款规定的要求和程序进行处理。

第九条 除出境展览或者因特殊需要经国务院批准出境外，古人类化石和古脊椎动物化石不得出境。

古人类化石和古脊椎动物化石出境展览，按照国家有关文物出境展览的管理规定实施管理。

古人类化石和古脊椎动物化石临时进境，按照国家有关文物临时进境的管理规定实施管理。

**第十条** 对保护古人类化石和古脊椎动物化石作出突出贡献的单位或个人，由国家给予精神鼓励或者物质奖励。

**第十一条** 违反本办法规定的，依照有关规定追究法律责任。

**第十二条** 本办法自公布之日起施行。

全国普法学习读本

★ ★ ★ ★ ★

环保节能类法律法规读本

>>>>> 保护自然法律法规学习读本 <<<<<

# 防沙治沙综合法律法规

加大全民普法力度，建设社会主义法治文化，树立宪法法律至上、法律面前人人平等的法治理念。

——中国共产党第十九次全国代表大会《决胜全面建成小康社会 夺取新时代中国特色社会主义伟大胜利》

王金锋　主编

汕头大学出版社

## 图书在版编目（CIP）数据

防沙治沙综合法律法规／王金锋主编. -- 汕头：
汕头大学出版社（2021 . 7重印）
（保护自然法律法规学习读本）
ISBN 978-7-5658-3518-6

Ⅰ . ①防… Ⅱ . ①王… Ⅲ . ①沙漠治理-法规-中国
-学习参考资料 Ⅳ . ①D922. 680. 4

中国版本图书馆 CIP 数据核字（2018）第 035178 号

## 防沙治沙综合法律法规　FANGSHA ZHISHA ZONGHE FALÜ FAGUI

主　　编：王金锋
责任编辑：邹　峰
责任技编：黄东生
封面设计：大华文苑
出版发行：汕头大学出版社
　　　　　广东省汕头市大学路 243 号汕头大学校园内　邮政编码：515063
电　　话：0754-82904613
印　　刷：三河市南阳印刷有限公司
开　　本：690mm×960mm 1/16
印　　张：18
字　　数：226 千字
版　　次：2018 年 5 月第 1 版
印　　次：2021 年 7 月第 2 次印刷
定　　价：59. 60 元（全 2 册）
ISBN 978-7-5658-3518-6

# 前　言

习近平总书记指出："推进全民守法，必须着力增强全民法治观念。要坚持把全民普法和守法作为依法治国的长期基础性工作，采取有力措施加强法制宣传教育。要坚持法治教育从娃娃抓起，把法治教育纳入国民教育体系和精神文明创建内容，由易到难、循序渐进不断增强青少年的规则意识。要健全公民和组织守法信用记录，完善守法诚信褒奖机制和违法失信行为惩戒机制，形成守法光荣、违法可耻的社会氛围，使遵法守法成为全体人民共同追求和自觉行动。"

中共中央、国务院曾经转发了中央宣传部、司法部关于在公民中开展法治宣传教育的规划，并发出通知，要求各地区各部门结合实际认真贯彻执行。通知指出，全民普法和守法是依法治国的长期基础性工作。深入开展法治宣传教育，是全面建成小康社会和新农村的重要保障。

普法规划指出：各地区各部门要根据实际需要，从不同群体的特点出发，因地制宜开展有特色的法治宣传教育坚持集中法治宣传教育与经常性法治宣传教育相结合，深化法律进机关、进乡村、进社区、进学校、进企业、进单位的"法律六进"主题活动，完善工作标准，建立长效机制。

特别是农业、农村和农民问题，始终是关系党和人民事业发展的全局性和根本性问题。党中央、国务院发布的《关于推进社会主义新农村建设的若干意见》中明确提出要"加强农村法制建设，深入开展农村普法教育，增强农民的法制观念，提高农民依法行使权利和履行义务的自觉性。"多年普法实践证明，普及法律知识，提高法制观念，增强全社会依法办事意识具有重要作用。特别是在广大农村进行普法教育，是提高全民法律素质的需要。

多年来，我国在农村实行的改革开放取得了极大成功，农村发生了翻天覆地的变化，广大农民生活水平大大得到了提高。但是，由于历史和社会等原因，现阶段我国一些地区农民文化素质还不高，不学法、不懂法、不守法现象虽然较原来有所改变，但仍有相当一部分群众的法制观念仍很淡化，不懂、不愿借助法律来保护自身权益，这就极易受到不法的侵害，或极易进行违法犯罪活动，严重阻碍了全面建成小康社会和新农村步伐。

为此，根据党和政府的指示精神以及普法规划，特别是根据广大农村农民的现状，在有关部门和专家的指导下，特别编辑了这套《全国普法学习读本》。主要包括了广大人民群众应知应懂、实际实用的法律法规。为了辅导学习，附录还收入了相应法律法规的条例准则、实施细则、解读解答、案例分析等；同时为了突出法律法规的实际实用特点，兼顾地方性和特殊性，附录还收入了部分某些地方性法律法规以及非法律法规的政策文件、管理制度、应用表格等内容，拓展了本书的知识范围，使法律法规更"接地气"，便于读者学习掌握和实际应用。

在众多法律法规中，我们通过甄别，淘汰了废止的，精选了最新的、权威的和全面的。但有部分法律法规有些条款不适应当下情况了，却没有颁布新的，我们又不能擅自改动，只得保留原有条款，但附录却有相应的补充修改意见或通知等。众多法律法规根据不同内容和受众特点，经过归类组合，优化配套。整套普法读本非常全面系统，具有很强的学习性、实用性和指导性，非常适合用于广大农村和城乡普法学习教育与实践指导。总之，是全国全民普法的良好读本。

# 目　　录

## 中华人民共和国防沙治沙法

## 全国荒漠化和沙化监测管理办法（试行）

# 城市绿化条例

# 中华人民共和国防沙治沙法

中华人民共和国主席令

第五十五号

《中华人民共和国防沙治沙法》已由中华人民共和国第九届全国人民代表大会常务委员会第二十三次会议于 2001 年 8 月 31 日通过，现予公布，自 2002 年 1 月 1 日起施行。

中华人民共和国主席　江泽民

二〇〇一年八月三十一日

# 第一章　总　则

**第一条**　为预防土地沙化，治理沙化土地，维护生态安全，促进经济和社会的可持续发展，制定本法。

**第二条**　在中华人民共和国境内，从事土地沙化的预防、沙化土地的治理和开发利用活动，必须遵守本法。

土地沙化是指因气候变化和人类活动所导致的天然沙漠扩张和沙质土壤上植被破坏、沙土裸露的过程。

本法所称土地沙化，是指主要因人类不合理活动所导致的天然沙漠扩张和沙质土壤上植被及覆盖物被破坏，形成流沙及沙土裸露的过程。

本法所称沙化土地，包括已经沙化的土地和具有明显沙化趋势的土地。具体范围，由国务院批准的全国防沙治沙规划确定。

**第三条** 防沙治沙工作应当遵循以下原则：

（一）统一规划，因地制宜，分步实施，坚持区域防治与重点防治相结合；

（二）预防为主，防治结合，综合治理；

（三）保护和恢复植被与合理利用自然资源相结合；

（四）遵循生态规律，依靠科技进步；

（五）改善生态环境与帮助农牧民脱贫致富相结合；

（六）国家支持与地方自力更生相结合，政府组织与社会各界参与相结合，鼓励单位、个人承包防治；

（七）保障防沙治沙者的合法权益。

**第四条** 国务院和沙化土地所在地区的县级以上地方人民政府，应当将防沙治沙纳入国民经济和社会发展计划，保障和支持防沙治沙工作的开展。

沙化土地所在地区的地方各级人民政府，应当采取有效措施，预防土地沙化，治理沙化土地，保护和改善本行政区域的生态质量。

国家在沙化土地所在地区，建立政府行政领导防沙治沙任期目标责任考核奖惩制度。沙化土地所在地区的县级以上地方人民政府，应当向同级人民代表大会及其常务委员会报告防沙治沙工作情况。

**第五条** 在国务院领导下，国务院林业行政主管部门负责组织、协调、指导全国防沙治沙工作。

国务院林业、农业、水利、土地、环境保护等行政主管部门和气象主管机构，按照有关法律规定的职责和国务院确定的职责分工，各负其责，密切配合，共同做好防沙治沙工作。

县级以上地方人民政府组织、领导所属有关部门，按照职责分工，各负其责，密切配合，共同做好本行政区域的防沙治沙工作。

**第六条** 使用土地的单位和个人，有防止该土地沙化的义务。

使用已经沙化的土地的单位和个人，有治理该沙化土地的义务。

**第七条** 国家支持防沙治沙的科学研究和技术推广工作，发挥科研部门、机构在防沙治沙工作中的作用，培养防沙治沙专门技术人员，提高防沙治沙的科学技术水平。

国家支持开展防沙治沙的国际合作。

**第八条** 在防沙治沙工作中作出显著成绩的单位和个人，由人民政府给予表彰和奖励；对保护和改善生态质量作出突出贡献的，应当给予重奖。

**第九条** 沙化土地所在地区的各级人民政府应当组织有关部门开展防沙治沙知识的宣传教育，增强公民的防沙治沙意识，提高公民防沙治沙的能力。

# 第二章 防沙治沙规划

**第十条** 防沙治沙实行统一规划。从事防沙治沙活动，以及在沙化土地范围内从事开发利用活动，必须遵循防沙治沙规划。

防沙治沙规划应当对遏制土地沙化扩展趋势，逐步减少沙化土地的时限、步骤、措施等作出明确规定，并将具体实施方案纳入国民经济和社会发展五年计划和年度计划。

**第十一条** 国务院林业行政主管部门会同国务院农业、水利、土地、环境保护等有关部门编制全国防沙治沙规划，报国务院批准后实施。

省、自治区、直辖市人民政府依据全国防沙治沙规划，编制本行政区域的防沙治沙规划，报国务院或者国务院指定的有关部门批准后实施。

沙化土地所在地区的市、县人民政府，应当依据上一级人民政府的防沙治沙规划，组织编制本行政区域的防沙治沙规划，报上一级人民政府批准后实施。

防沙治沙规划的修改，须经原批准机关批准；未经批准，任何单位和个人不得改变防沙治沙规划。

**第十二条** 编制防沙治沙规划，应当根据沙化土地所处的地理位置、土地类型、植被状况、气候和水资源状况、土地沙化程度等自然条件及其所发挥的生态、经济功能，对沙化土地实行分类保护、综合治理和合理利用。

在规划期内不具备治理条件的以及因保护生态的需要不宜开发利用的连片沙化土地，应当规划为沙化土地封禁保护区，实行封禁保护。沙化土地封禁保护区的范围，由全国防沙治沙规划以及省、自治区、直辖市防沙治沙规划确定。

**第十三条** 防沙治沙规划应当与土地利用总体规划相衔接；防沙治沙规划中确定的沙化土地用途，应当符合本级人民政府的土地利用总体规划。

# 第三章　土地沙化的预防

**第十四条**　国务院林业行政主管部门组织其他有关行政主管部门对全国土地沙化情况进行监测、统计和分析，并定期公布监测结果。

县级以上地方人民政府林业或者其他有关行政主管部门，应当按照土地沙化监测技术规程，对沙化土地进行监测，并将监测结果向本级人民政府及上一级林业或者其他有关行政主管部门报告。

**第十五条**　县级以上地方人民政府林业或者其他有关行政主管部门，在土地沙化监测过程中，发现土地发生沙化或者沙化程度加重的，应当及时报告本级人民政府。收到报告的人民政府应当责成有关行政主管部门制止导致土地沙化的行为，并采取有效措施进行治理。

各级气象主管机构应当组织对气象干旱和沙尘暴天气进行监测、预报，发现气象干旱或者沙尘暴天气征兆时，应当及时报告当地人民政府。收到报告的人民政府应当采取预防措施，必要时公布灾情预报，并组织林业、农（牧）业等有关部门采取应急措施，避免或者减轻风沙危害。

**第十六条**　沙化土地所在地区的县级以上地方人民政府应当按照防沙治沙规划，划出一定比例的土地，因地制宜地营造防风固沙林网、林带，种植多年生灌木和草本植物。由林业行政主管部门负责确定植树造林的成活率、保存率的标准和具体任务，并逐片组织实施，明确责任，确保完成。

除了抚育更新性质的采伐外，不得批准对防风固沙林网、林带进行采伐。在对防风固沙林网、林带进行抚育更新性质的采伐之前，必须在其附近预先形成接替林网和林带。

对林木更新困难地区已有的防风固沙林网、林带，不得批准采伐。

**第十七条** 禁止在沙化土地上砍挖灌木、药材及其他固沙植物。

沙化土地所在地区的县级人民政府，应当制定植被管护制度，严格保护植被，并根据需要在乡（镇）、村建立植被管护组织，确定管护人员。

在沙化土地范围内，各类土地承包合同应当包括植被保护责任的内容。

**第十八条** 草原地区的地方各级人民政府，应当加强草原的管理和建设，由农（牧）业行政主管部门负责指导、组织农牧民建设人工草场，控制载畜量，调整牲畜结构，改良牲畜品种，推行牲畜圈养和草场轮牧，消灭草原鼠害、虫害，保护草原植被，防止草原退化和沙化。

草原实行以产草量确定载畜量的制度。由农（牧）业行政主管部门负责制定载畜量的标准和有关规定，并逐级组织实施，明确责任，确保完成。

**第十九条** 沙化土地所在地区的县级以上地方人民政府水行政主管部门，应当加强流域和区域水资源的统一调配和管理，在编制流域和区域水资源开发利用规划和供水计划时，必须考虑整个流域和区域植被保护的用水需求，防止因地下水和上游水资源的过度开发利用，导致植被破坏和土地沙化。该规划和计划经批准后，必须严格实施。

沙化土地所在地区的地方各级人民政府应当节约用水，发展节水型农牧业和其他产业。

第二十条　沙化土地所在地区的县级以上地方人民政府，不得批准在沙漠边缘地带和林地、草原开垦耕地；已经开垦并对生态产生不良影响的，应当有计划地组织退耕还林还草。

第二十一条　在沙化土地范围内从事开发建设活动的，必须事先就该项目可能对当地及相关地区生态产生的影响进行环境影响评价，依法提交环境影响报告；环境影响报告应当包括有关防沙治沙的内容。

第二十二条　在沙化土地封禁保护区范围内，禁止一切破坏植被的活动。

禁止在沙化土地封禁保护区范围内安置移民。对沙化土地封禁保护区范围内的农牧民，县级以上地方人民政府应当有计划地组织迁出，并妥善安置。沙化土地封禁保护区范围内尚未迁出的农牧民的生产生活，由沙化土地封禁保护区主管部门妥善安排。

未经国务院或者国务院指定的部门同意，不得在沙化土地封禁保护区范围内进行修建铁路、公路等建设活动。

# 第四章　沙化土地的治理

第二十三条　沙化土地所在地区的地方各级人民政府，应当按照防沙治沙规划，组织有关部门、单位和个人，因地制宜地采取人工造林种草、飞机播种造林种草、封沙育林育草和合理调配生态用水等措施，恢复和增加植被，治理已经沙化的土地。

第二十四条　国家鼓励单位和个人在自愿的前提下，捐资或者以其他形式开展公益性的治沙活动。

县级以上地方人民政府林业或者其他有关行政主管部门，应当为公益性治沙活动提供治理地点和无偿技术指导。

从事公益性治沙的单位和个人，应当按照县级以上地方人民政府林业或者其他有关行政主管部门的技术要求进行治理，并可以将所种植的林、草委托他人管护或者交由当地人民政府有关行政主管部门管护。

**第二十五条** 使用已经沙化的国有土地的使用权人和农民集体所有土地的承包经营权人，必须采取治理措施，改善土地质量；确实无能力完成治理任务的，可以委托他人治理或者与他人合作治理。委托或者合作治理的，应当签订协议，明确各方的权利和义务。

沙化土地所在地区的地方各级人民政府及其有关行政主管部门、技术推广单位，应当为土地使用权人和承包经营权人的治沙活动提供技术指导。

采取退耕还林还草、植树种草或者封育措施治沙的土地使用权人和承包经营权人，按照国家有关规定，享受人民政府提供的政策优惠。

**第二十六条** 不具有土地所有权或者使用权的单位和个人从事营利性治沙活动的，应当先与土地所有权人或者使用权人签订协议，依法取得土地使用权。

在治理活动开始之前，从事营利性治沙活动的单位和个人应当向治理项目所在地的县级以上地方人民政府林业行政主管部门或者县级以上地方人民政府指定的其他行政主管部门提出治理申请，并附具下列文件：

（一）被治理土地权属的合法证明文件和治理协议；

（二）符合防沙治沙规划的治理方案；

（三）治理所需的资金证明。

**第二十七条** 本法第二十六条第二款第二项所称治理方案，应当包括以下内容：

（一）治理范围界限；

（二）分阶段治理目标和治理期限；

（三）主要治理措施；

（四）经当地水行政主管部门同意的用水来源和用水量指标；

（五）治理后的土地用途和植被管护措施；

（六）其他需要载明的事项。

**第二十八条** 从事营利性治沙活动的单位和个人，必须按照治理方案进行治理。

国家保护沙化土地治理者的合法权益。在治理者取得合法土地权属的治理范围内，未经治理者同意，其他任何单位和个人不得从事治理或者开发利用活动。

**第二十九条** 治理者完成治理任务后，应当向县级以上地方人民政府受理治理申请的行政主管部门提出验收申请。经验收合格的，受理治理申请的行政主管部门应当发给治理合格证明文件；经验收不合格的，治理者应当继续治理。

**第三十条** 已经沙化的土地范围内的铁路、公路、河流和水渠两侧，城镇、村庄、厂矿和水库周围，实行单位治理责任制，由县级以上地方人民政府下达治理责任书，由责任单位负责组织造林种草或者采取其他治理措施。

**第三十一条** 沙化土地所在地区的地方各级人民政府，可以组织当地农村集体经济组织及其成员在自愿的前提下，对已经沙化的土地进行集中治理。农村集体经济组织及其成员投入的资金和劳力，可以折算为治理项目的股份、资本金，也可以采取其他形式给予补偿。

# 第五章　保障措施

**第三十二条**　国务院和沙化土地所在地区的地方各级人民政府应当在本级财政预算中按照防沙治沙规划通过项目预算安排资金，用于本级人民政府确定的防沙治沙工程。在安排扶贫、农业、水利、道路、矿产、能源、农业综合开发等项目时，应当根据具体情况，设立若干防沙治沙子项目。

**第三十三条**　国务院和省、自治区、直辖市人民政府应当制定优惠政策，鼓励和支持单位和个人防沙治沙。

县级以上地方人民政府应当按照国家有关规定，根据防沙治沙的面积和难易程度，给予从事防沙治沙活动的单位和个人资金补助、财政贴息以及税费减免等政策优惠。

单位和个人投资进行防沙治沙的，在投资阶段免征各种税收；取得一定收益后，可以免征或者减征有关税收。

**第三十四条**　使用已经沙化的国有土地从事治沙活动的，经县级以上人民政府依法批准，可以享有不超过七十年的土地使用权。具体年限和管理办法，由国务院规定。

使用已经沙化的集体所有土地从事治沙活动的，治理者应当与土地所有人签订土地承包合同。具体承包期限和当事人的其他权利、义务由承包合同双方依法在土地承包合同中约定。县级人民政府依法根据土地承包合同向治理者颁发土地使用权证书，保护集体所有沙化土地治理者的土地使用权。

**第三十五条** 因保护生态的特殊要求，将治理后的土地批准划为自然保护区或者沙化土地封禁保护区的，批准机关应当给予治理者合理的经济补偿。

**第三十六条** 国家根据防沙治沙的需要，组织设立防沙治沙重点科研项目和示范、推广项目，并对防沙治沙、沙区能源、沙生经济作物、节水灌溉、防止草原退化、沙地旱作农业等方面的科学研究与技术推广给予资金补助、税费减免等政策优惠。

**第三十七条** 任何单位和个人不得截留、挪用防沙治沙资金。

县级以上人民政府审计机关，应当依法对防沙治沙资金使用情况实施审计监督。

# 第六章 法律责任

**第三十八条** 违反本法第二十二条第一款规定，在沙化土地封禁保护区范围内从事破坏植被活动的，由县级以上地方人民政府林业、农（牧）业行政主管部门按照各自的职责，责令停止违法行为；有违法所得的，没收其违法所得；构成犯罪的，依法追究刑事责任。

**第三十九条** 违反本法第二十五条第一款规定，国有土地使用权人和农民集体所有土地承包经营权人未采取防沙治沙措施，造成土地严重沙化的，由县级以上地方人民政府农（牧）业、林业行政主管部门按照各自的职责，责令限期治理；造成国有土地严重沙化的，县级以上人民政府可以收回国有土地使用权。

**第四十条** 违反本法规定，进行营利性治沙活动，造成土地沙化加重的，由县级以上地方人民政府负责受理营利性治沙申请的行政主管部门责令停止违法行为，可以并处每公顷五千元以上五万元以下的罚款。

第四十一条　违反本法第二十八条第一款规定，不按照治理方案进行治理的，或者违反本法第二十九条规定，经验收不合格又不按要求继续治理的，由县级以上地方人民政府负责受理营利性治沙申请的行政主管部门责令停止违法行为，限期改正，可以并处相当于治理费用一倍以上三倍以下的罚款。

第四十二条　违反本法第二十八条第二款规定，未经治理者同意，擅自在他人的治理范围内从事治理或者开发利用活动的，由县级以上地方人民政府负责受理营利性治沙申请的行政主管部门责令停止违法行为；给治理者造成损失的，应当赔偿损失。

第四十三条　违反本法规定，有下列情形之一的，对直接负责的主管人员和其他直接责任人员，由所在单位、监察机关或者上级行政主管部门依法给予行政处分：

（一）违反本法第十五条第一款规定，发现土地发生沙化或者沙化程度加重不及时报告的，或者收到报告后不责成有关行政主管部门采取措施的；

（二）违反本法第十六条第二款、第三款规定，批准采伐防风固沙林网、林带的；

（三）违反本法第二十条规定，批准在沙漠边缘地带和林地、草原开垦耕地的；

（四）违反本法第二十二条第二款规定，在沙化土地封禁保护区范围内安置移民的；

（五）违反本法第二十二条第三款规定，未经批准在沙化土地封禁保护区范围内进行修建铁路、公路等建设活动的。

第四十四条 违反本法第三十七条第一款规定，截留、挪用防沙治沙资金的，对直接负责的主管人员和其他直接责任人员，由监察机关或者上级行政主管部门依法给予行政处分；构成犯罪的，依法追究刑事责任。

第四十五条 防沙治沙监督管理人员滥用职权、玩忽职守、徇私舞弊，构成犯罪的，依法追究刑事责任。

# 第七章　附　则

第四十六条 本法第五条第二款中所称的有关法律，是指《中华人民共和国森林法》、《中华人民共和国草原法》、《中华人民共和国水土保持法》、《中华人民共和国土地管理法》、《中华人民共和国环境保护法》和《中华人民共和国气象法》。

第四十七条 本法自 2002 年 1 月 1 日起施行。

# 附　录

## 营利性治沙管理办法

中华人民共和国国家林业局令

第 11 号

《营利性治沙管理办法》已经 2004 年 5 月 31 日国家林业局第二次局务会议审议通过，现予公布，自 2004 年 9 月 1 日起施行。

国家林业局局长

二〇〇四年七月一日

**第一条**　为了规范营利性治沙管理活动，保障从事营利性治沙活动的单位和个人的合法权益，根据《中华人民共和国防沙治沙法》（以下简称防沙治沙法）有关规定，制定本办法。

**第二条**　在全国防沙治沙规划确定范围内从事营利性治沙活动适用本办法。

营利性治沙活动是指不具有沙化土地所有权或者使用权的单位和个人，在依法取得土地使用权后，以获取一定经济收益为目的，采取各种措施对沙化土地进行治理的治沙活动。

**第三条** 县级以上地方人民政府林业行政主管部门负责营利性治沙活动的受理申请和检查验收等管理工作。

**第四条** 从事营利性治理国家所有的沙化土地的单位和个人，应当与法律授权管理该沙化土地的主管部门或者该沙化土地的使用权人签定治理协议，依法取得该沙化土地的土地使用权。

从事营利性治理集体所有、尚未承包到户的沙化土地的单位和个人，应当与该集体经济组织签订治理协议，依法取得该沙化土地的土地使用权。

从事营利性治理集体所有、但已承包到户的沙化土地的单位和个人，应当与该土地的承包人签订治理协议，依法取得该沙化土地的土地使用权。

**第五条** 营利性治沙涉及的沙化土地在县级行政区域范围内的，由所在地的县级人民政府林业行政主管部门负责受理申请；跨县（市）、设区的市、自治州行政区域范围的，由其共同上一级地方人民政府林业行政主管部门负责受理申请。

**第六条** 从事营利性治沙活动的单位和个人应当依照防沙治沙法第二十六条第二款规定提供有关材料，向林业行政主管部门提出治理申请，并填写治理申请表。其中有关治理协议的主要内容应当包括：治理单位名称或者个人姓名、协议双方的权利和义务、拟治理沙化土地的四至界限、面积、治理期限、违约责任等。

**第七条** 防沙治沙法第二十七条第六项规定的其他需要载明的事项应当包括：被治理的沙化土地的现状，治理后该土地的利用方向，治理项目的投资概算及资金来源等。

**第八条** 林业行政主管部门应当在收到治理申请和有关文

件后 7 个工作日内，对申请材料进行初步审查；治理申请和有关文件符合本办法第六条和第七条规定的，林业行政主管部门应当予以受理；不符合规定的，不予受理，并书面通知申请人，说明理由或者要求补充有关材料。

**第九条** 林业行政主管部门对决定受理的申请，应当组织有关专家对治理方案进行技术论证，并可以根据实际工作需要，组织工作人员对提出营利性治沙活动申请涉及的沙化土地以及提交的有关文件内容进行实地核实和调查。

核实和调查的工作人员应当不少于 2 人。

**第十条** 林业行政主管部门在决定受理申请之日起 30 个工作日内，对符合防沙治沙法和本办法规定的，应当予以公示，并书面通知申请人。公示应当载明下列主要内容：

（一）申请单位名称或者个人姓名；

（二）治理的沙化土地范围、四至以及面积；

（三）治理的沙化土地的所有权或者使用权情况，以及发放有关权属证书情况；

（四）治理方案的主要内容。

**第十一条** 有以下情况之一的，林业行政主管部门应当不予公示，并书面通知申请人：

（一）治理地点不符合国家和当地防沙治沙规划的；

（二）未取得治理范围内土地使用权的；

（三）资金没有保障的；

（四）治理方案未通过专家技术论证的。

**第十二条** 从事营利性治沙的单位和个人，必须按照公示的治理方案进行治理。

**第十三条** 需要变更原治理方案的，应当向原公示的林业行政主管部门提出变更治理方案的书面申请。

**第十四条** 变更治理方案的书面申请应当包括以下内容：

（一）原书面公示文件；

（二）原治理方案；

（三）治理方案变更的具体内容和理由。

变更的治理方案中规定的治理技术指标应当优于原治理方案规定的治理技术指标。

**第十五条** 林业行政主管部门应当在接到变更申请后 15 个工作日内，做出同意变更或者不同意变更的决定，并书面通知提出变更的申请人。

未经原批准的林业行政主管部门批准，任何单位和个人不得改变公示的治理方案。

**第十六条** 从事营利性治沙的单位和个人可以要求林业行政主管部门给予指导。林业行政主管部门应当根据从事营利性治沙的单位和个人的要求，在下列方面给予指导：

（一）有关防沙治沙工作的政策和法规咨询；

（二）编制治理方案；

（三）编制年度作业设计；

（四）提供相关的技术培训。

**第十七条** 从事营利性治沙的单位和个人在完成治理方案规定的治理任务后，应当向原公示的林业行政主管部门提出验收申请，并填写营利性治沙验收申请表。

**第十八条** 林业行政主管部门在收到验收申请后 30 个工作日内，应当按照治理方案确定的各项技术指标组织检查验收。

对验收合格的，林业行政主管部门应当发给治理合格证明文件；对验收不合格的，从事营利性治沙的单位和个人应当继续治理。

对验收合格的森林、林木和林地，从事营利性治沙的单位和个人应当持治理合格证明文件，依法申请森林、林木和林地权属登记。

**第十九条** 从事营利性治沙的单位和个人可以依照防沙治沙法的规定，享受资金补助、财政贴息以及税费减免等政策优惠。

**第二十条** 林业行政主管部门依照防沙治沙法第四十一条的规定，对从事营利性治沙活动中不按照治理方案进行治理，或者经林业行政主管部门验收不合格又不按要求继续治理的单位和个人，依法予以处罚。

**第二十一条** 林业行政主管部门工作人员在管理活动中滥用职权、玩忽职守、徇私舞弊的，依法给予行政处分，构成犯罪的，依法追究刑事责任。

**第二十二条** 依照防沙治沙法第二十六条第二款规定，由县级以上地方人民政府指定的其他行政主管部门负责营利性治沙活动的受理申请和检查验收的，可以参照本办法规定执行。

**第二十三条** 治理申请表和营利性治沙验收表的格式由国家林业局规定，省、自治区和直辖市人民政府林业行政主管部门印制。

**第二十四条** 本办法于 2004 年 9 月 1 日起施行。

# 国务院关于进一步加强防沙治沙工作的决定

国发〔2005〕29 号

各省、自治区、直辖市人民政府，国务院各部委、各直属机构：

防沙治沙，事关国家生态安全，事关中华民族生存与发展，事关全面建设小康社会进程。为深入贯彻《中华人民共和国防沙治沙法》，认真落实《全国防沙治沙规划》，进一步加强防沙治沙工作，推动沙区社会走上生产发展、生活富裕、生态良好的文明发展道路，特作出如下决定。

一、充分认识防沙治沙工作的重要性和紧迫性

1. 我国防沙治沙取得巨大成就。党中央、国务院历来高度重视防沙治沙工作，特别是进入新世纪以来，采取了更加有力的措施，我国防沙治沙工作取得了显著成效。全国沙化土地面积开始出现净减少，由上世纪末年均扩展 3436 平方公里转变为现在年均缩减 1283 平方公里，沙区生态建设状况已从治理小于破坏进入了治理与破坏相持的阶段，有效地改善了农牧业生产条件，推进了农村经济结构调整和生产方式转变，促进了民族团结和边疆稳定，为经济社会可持续发展作出了重要贡献。探索了一系列改善生态、发展沙区经济的防沙治沙模式，初步形成了一套行之有效的防沙治沙工作机制，为推进我国防沙治沙事业快速健康发展奠定了基础。

2. 土地沙化形势依然严峻。我国是世界上土地沙化危害最严重的国家之一。全国现有沙化土地 174 万平方公里，占国土面积的 18.1%，主要分布在少数民族地区和边疆地区。因土地沙

化每年造成的直接经济损失高达 500 多亿元，影响近 4 亿人口的生产和生活。当前，沙区的滥樵采、滥开垦、滥放牧、水资源紧缺和不合理利用等问题较为严重，防沙治沙的任务非常艰巨。

3. 搞好防沙治沙意义十分重大。防沙治沙是一项社会公益事业，既是保护耕地、提高土地质量的重要基础，又是改善人民生产生活条件、促进沙区经济社会可持续发展和农牧民增收的必然途径；既是实施西部大开发战略、东北地区等老工业基地振兴战略的迫切需要，又是增进民族团结、维护边疆稳定、拓展中华民族生存和发展空间的战略选择；既是改善生态、保障生态安全的重大举措，又是推进构建社会主义和谐社会的重要保障。各有关地区、有关部门要从实践"三个代表"重要思想和落实科学发展观的高度，充分认识防沙治沙工作的重要性，进一步增强紧迫感和责任感，深入贯彻《中华人民共和国防沙治沙法》，加强领导，真抓实干，努力改善沙区生态状况。

二、明确防沙治沙工作的指导思想、基本原则和奋斗目标

4. 指导思想。以邓小平理论和"三个代表"重要思想为指导，全面落实科学发展观，按照预防为主、科学治理、合理利用的方针，遵循自然和经济规律，实行全国动员、全民尽责、全社会参与，加大保护和建设力度，改善生态环境，在沙区建立和巩固以林草植被为主体的国土生态安全体系，打好生态建设相持阶段攻坚战，促进农牧民增收和经济社会协调发展，为构建社会主义和谐社会服务。

5. 基本原则。我国防沙治沙工作要遵循以下基本原则：

——统筹规划，突出重点，分类施策，分步实施，坚持区域防治与重点防治相结合；

——注意发挥生态系统自然修复功能，强化保护，因地制

宜，综合治理；

——保护和恢复植被与合理利用自然资源相结合；

——严格依法防治，依靠科技进步；

——改善生态环境与促进农牧民脱贫致富相结合；

——国家支持与地方自力更生相结合，政府组织与社会参与相结合，鼓励单位、个人承包防治任务；

——依法保障防沙治沙者的合法权益。

6. 奋斗目标。采取综合措施，全面保护和增加林草植被。力争到 2010 年，重点治理地区生态状况明显改善；到 2020 年，全国一半以上可治理的沙化土地得到治理，沙区生态状况明显改善；到本世纪中叶，全国可治理的沙化土地基本得到治理。

三、认真搞好防沙治沙布局和规划

7. 明确防沙治沙总体战略。我国沙化土地主要分布在西北、华北北部和东北西部地区，防治工作要因地制宜、分类施策。对于沙漠绿洲周围，要营建防风固沙林带、林网，保护现有天然荒漠植被和绿洲；对于半干旱沙地类型区，在保护好现有林草植被基础上，通过大力开展造林种草、小流域治理和生态移民等措施进行综合治理，适度开发利用沙区资源；对于青藏高原高寒沙地类型区，要保护现有自然生态系统，采取以封育为主要方式的综合措施恢复植被，严禁不合理的开发。另外，对于黄淮海平原半湿润和南方湿润沙地类型区，要积极开展造林种草，大力发展速生丰产用材林和经济林，实行沙地治理与资源开发相结合。

8. 认真编制并严格组织实施规划。沙区县级以上地方人民政府要负责组织编制本行政区域的防沙治沙规划，明确逐步减少沙化土地的时限、步骤和措施。防沙治沙规划要与生态建设规划、土地利用总体规划和水资源规划相衔接，并纳入同级国民经济和社会发展规划。全国防沙治沙规划由国务院审批，省级防沙治沙规划由国务院林业行政主管部门会同农业、水利、国土资源、环境保护等有关部门审批，市（地）、县（市）级防沙治沙规划分别由省、市（地）级人民政府审批。规划经批准后，未经原批准机关同意，任何单位和个人不得擅自修改和调整。地方各级人民政府要认真做好规划的组织实施工作，建立健全责任制，切实将规划任务落实到具体工程项目和年度目标。定期对规划实施情况进行检查、评估，确保规划任务按期完成，取得实效。

四、突出抓好土地沙化预防

9. 切实保护沙区自然植被。沙区地方各级人民政府要制定植被管护制度，落实管护人员，加强植被保护，杜绝"边治理、边破坏"的现象。禁止在沙漠边缘地带和林地、草原开垦耕地。禁止采集发菜，彻底取缔发菜及其制品的收购、加工和销售。禁止滥垦沙荒地、滥砍滥挖灌木。沙区地方各级人民政府要坚决禁止滥挖甘草、麻黄草等药材，在甘草和麻黄草资源分布区逐级制定保护和建设规划，在生态脆弱地区要划定禁挖区和封育区，禁止一切采挖活动，严格按照有关规定规范中药材收购行为。地方各级人民政府要积极预防森林、草原病虫害、鼠害及火灾。

10. 严格控制采伐防风固沙林。县级以上地方人民政府要严格控制防风固沙林网、林带的采伐。对于乔木型防风固沙林网、林带，因林木老化、病虫害等原因确需进行抚育更新的，必须事先在其附近形成接替林网和林带，报经省级林业行政主管部门验收后，依照有关规定进行采伐。对于萌蘖能力强、需要通过平茬等技术措施促进更新的灌木型防风固沙林网、林带的采伐，须遵守有关规定和技术规程。对林木更新困难地区现有的防风固沙林网、林带，不得批准采伐。

11. 加强草原保护和管理。严格保护基本草地，不得擅自征收、征用、占用或改变其用途。实行以草定畜、草畜平衡制度，严格控制载畜量。鼓励和引导农牧民发展饲草饲料生产，改良牲畜品种。在牧区要推行草原划区轮牧、季节性休牧和围封禁牧制度。

12. 加强沙化土地封禁保护区建设和管理。国务院林业行政主管部门要会同农业、水利、国土资源、环境保护等有关部门，对暂不具备治理条件以及因保护生态需要不宜开发利用的连片沙化土地，依法划定沙化土地封禁保护区。县级以上地方人民政府要妥善安排好沙化土地封禁保护区范围内农牧民的生产生活，有计划地组织迁出并妥善安置。在沙化土地封禁保护区内，禁止一切破坏植被的生产建设活动，对确需进行的修建铁路、公路等建设活动，必须严格按程序评估和审批。

13. 强化水资源管理。加强流域和区域水资源的统一调配和管理，合理调配江河上、中、下游用水，全面实施建设项目水资源论证制度和取水许可制度，严格控制开采地下水，合理确定生活、生产和生态用水比例。要切实节约用水，大力推行节水灌溉方式和节水技术，限制高耗水、低产出的产业发展，提高水资源利用效率，建设节水型社会。

14. 加快沙区生活能源结构调整。沙区地方各级人民政府要采取有效措施，妥善解决城乡居民生活能源问题。积极发展替代燃料，因地制宜开发利用风能、太阳能、沼气等能源，有条件的地方应鼓励农牧民营造薪炭林。在沙区开发石油、天然气、煤炭等能源时，要优先解决当地农牧民的能源需求。大力推广节能技术，提高能源的利用率。

15. 实行沙区开发建设项目环境影响评价制度。在沙区从事开发建设活动，必须事先就开发建设项目可能对当地及相关地区生态环境产生的影响进行环境影响评价和水资源论证。环境影响报告中应包括防治措施等方面的内容。对不具备水源条件，且有可能造成土地沙化、水土流失等灾害，严重破坏生态环境的开发建设项目，不得批准立项。经批准实施的开发建设项目，要按照环境影响评价和水资源论证规定的内容同步实施生态保护和建设，搞好水资源保护和节约用水工作。有关部门要加强监督，搞好检查验收，经检查验收不合格的，不得对开发建设项目进行竣工验收。因防治措施不力造成土地沙化的，有关部门要责令项目建设单位限期进行治理，对情节严重的应依法追究责任。

五、加强沙化土地治理

16. 因地制宜治理沙化土地。沙区地方各级人民政府要按照防沙治沙规划，组织有关部门、单位和个人，因地制宜地采取人工造林种草、飞播造林种草、封沙育林育草和合理调配生态用水等措施，积极治理沙化土地。在沙区要合理营造防风固沙林网、林带；对生态区位重要、粮食产量低而不稳的沙化耕地，要实施退耕还林还草，并在确定退耕还林还草任务时予以优先安排，对未退耕的沙化耕地要加快农业生产方式改革，积极推行免耕留茬等保护性耕作措施；对严重退化、沙化的草原，实行退牧还草，适度发展灌溉饲草料地；对生态严重恶化的地区要有计划地实施生态移民；大力开展水土保持综合治理，搞好沙区生态建设的配套水源工程建设，发展小型蓄水节水设施。

17. 切实抓好重点工程建设。国务院林业、农业、水利等有关行政主管部门和地方各级人民政府要依据《全国防沙治沙规划》，认真组织实施好京津风沙源治理、三北防护林体系建设、退耕还林、退牧还草、草原沙化防治、水土保持、牧区水利等国家重点工程和区域性治理项目，在不同沙化土地类型区建设一批防沙治沙综合示范区，积极探索防沙治沙政策和技术模式。要严格工程建设进度、质量和资金管理，建立健全违规使用资金案件和工程质量事故责任追究制度。对工程建设情况实行评估制度，并根据评估情况，适时调整、完善工程建设项目和相关政策。

18. 落实沙化土地单位治理责任制。沙区县级以上地方人民政府对铁路、公路、河流和水渠两侧以及城镇、村庄、厂矿和水库周围的沙化土地，要落实单位治理责任制，限期由责任单位负责组织造林种草或者采取其他措施治理。有关行政主管部门要定期对责任单位的治理任务完成情况进行检查验收，对于未能按期完成治理任务的，应按规定追究有关领导人的责任。

六、完善防沙治沙扶持政策

19. 建立稳定的投入机制。各级人民政府要随着财力的增强，加大对防沙治沙的资金投入，并纳入同级财政预算和固定资产投资计划。在安排国债资金和中央预算内基建资金时，要继续将防沙治沙作为一项重点。要安排资金用于沙化土地封禁保护区建设。在沙区安排的扶贫开发、农业综合开发、水利和水土保持建设、草原建设等项目，凡涉及防沙治沙内容的，都要按有关规定搞好防沙治沙。要积极引导社会资金，扩大利用外资规模，拓宽筹资渠道，增加防沙治沙投入。加大科技投入力度，对防沙治沙重点科技支撑项目予以扶持。

20. 实行税收优惠和信贷支持。国家对防沙治沙给予必要的税收政策支持。各地区、各有关部门要认真执行好现行的防沙治沙税收优惠政策。单位和个人投资进行防沙治沙的，在投资阶段免征各种税收；取得一定收益后，可以免征或减征有关税收，具体规定另行制定。国家继续对符合林业贷款中央财政贴息规定的防沙治沙贷款给予财政贴息，有关部门要加强对贴息资金的监督管理。对符合银行贷款条件的防沙治沙项目，有关银行要适当放宽条件，积极给予信贷支持，并做好各项金融服务。继续扩大农户小额信用贷款和农户联保贷款，支持有条件、有生产能力、守信用的农户通过防沙治沙、发展多种经营实现增收致富。

21. 扶持各种社会主体参与防沙治沙。要创造公平竞争环境，为各种社会主体开展防沙治沙提供条件。改革现行防沙治沙投入和管理方式，凡纳入国家重点工程项目的公益性治沙活动，经县级以上有关行政主管部门检查验收合格后，享受国家重点工程项目的资金补助等政策。在进一步完善招投标制、报账制的同时，研究探索政府出资直接收购沙区各种社会主体营造的非国有公益林的相关政策。征占用治理后的土地，必须严格履行相关审批手续，并由征占者给予治理者合理的经济补偿。因保护生态的特殊要求，将治理后的土地划定为自然保护区、封禁保护区的，按相关规定给予治理者合理的经济补偿。对纳入公益林管理的沙区森林资源，要以多种方式给予投资治理者合理补偿。

22. 保障治理者的合法权益。沙化土地可以通过承包、租赁等多种形式落实经营主体，按照签订的合同，限期进行治理。治理后的沙化土地，如涉及权属或地类变更，要及时依法办理土地变更登记手续，保障治理者和土地权利人的合法权益。使用国有沙化土地从事防沙治沙活动的，其土地使用权的期限最高可至 70 年，治理后的沙化土地承包经营权可以依法继承和流转。

23. 合理开发利用沙区资源。在有效治理和严格保护的基础上，积极引导各种实体充分利用沙区的优势资源，发展特色优势产业。要扶持一批竞争力强、辐射面广的龙头企业，开展资源培育、生产加工、运输贮藏和市场营销。鼓励结合农业、林业、畜牧业结构调整，以公司加农户的形式建设沙区灌木林、药材和牧草基地，实行集约经营。大力发展沙区特色种植、养殖业，积极发展加工业，有条件的地方还可以发展沙区旅游业及其他产业，培育新的经济增长点，增加农牧民收入，促进沙区经济发展。

七、加大科技治沙和依法治沙力度

24. 加强防沙治沙科学研究和技术推广。加强防沙治沙基础科学研究和应用技术研究，针对防沙治沙的关键性技术难题，开展多部门、多学科、多层次的联合攻关。建立健全防沙治沙技术推广和服务体系，加大先进适用技术和科技成果推广应用力度。积极探索科技推广新机制，对科技推广项目实行招投标制度。要健全防沙治沙重点工程建设与科技支撑项目同步设计、同步实施、同步验收制度，切实将科技支撑贯穿于工程建设的全过程，努力提高工程建设质量和科技含量。加强对基层技术人员和农牧民的技术培训，积极培育农牧民专业技术协会和科技型企业。对长期在重点沙区县及基层治沙单位工作的专业技术人员，在职级晋升、技术职务聘任及其子女上学等方面给予优惠。

25. 严格依法治沙。各级人民政府和各有关部门要切实做到依法行政，严格执行《中华人民共和国防沙治沙法》等有关法律法规，完善配套规章。要加强防沙治沙执法体系建设，充实执法监管力量，明确执法责任，健全监督机制，积极配合同级人大搞好执法检查，加大行政执法监督力度。要适时开展集中专项执法行动，严厉打击破坏沙区植被和野生动植物资源、造成土地沙化及水土流失、非法征占用沙化土地等违法行为，做到有法必依、执法必严。加强法制宣传教育和保护生态环境道德教育。

26. 科学开展土地沙化监测工作。建立健全土地沙化监测体系，科学开展监测工作。国务院林业行政主管部门要定期组织有关部门对全国土地沙化情况进行监测，及时公布监测结果。县级以上地方人民政府林业或者其他有关行政主管部门要对本行政区域的土地沙化情况进行监测，并及时向本级政府报告监测结果。地方各级人民政府要根据监测结果，调整并完善防治措施。对于有沙化趋势或者沙化程度加重的地区，要依法制止导致土地沙化的行为，并积极开展防治。

八、加强对防沙治沙工作的领导

27. 防沙治沙工作实行政府负责制。沙区地方各级人民政府对本行政区域的防沙治沙工作负总责。沙区县级以上地方人民政府每年要向同级人民代表大会及其常务委员会报告防沙治沙工作情况，自觉接受监督。全面推行地方人民政府行政领导防沙治沙任期目标责任考核奖惩制度，将防沙治沙年度目标和任期目标纳入沙区地方各级人民政府政绩考核范围。加强防沙治沙管理机构和队伍建设。国务院林业行政主管部门要负责做好全国防沙治沙的组织、协调和指导工作，有关部门要按照职能分工，各负其责，密切配合，共同做好防沙治沙工作。

28. 进一步加强防沙治沙国际合作与交流。国务院有关部门和有关地方人民政府，要根据我国履行《联合国防治荒漠化公约》的要求，密切合作，加强履约能力建设，认真履行我国承担的各项义务。要根据我国国情，积极引进国外的资金、技术和先进管理经验，促进我国防沙治沙事业的发展。努力开拓防沙治沙国际合作新领域，鼓励将国内防沙治沙技术向其他国家进行有偿输出和转让。

29. 广泛发动社会各界关心和支持防沙治沙事业。大力开展防沙治沙宣传教育，提高全民的生态保护意识。积极探索新形势下开展群众性防沙治沙的新机制、新办法，引导沙区群众积极参与防沙治沙。充分发挥人民解放军、武警部队、民兵以及工会、妇联、共青团和其他社会团体在防沙治沙中的重要作用，动员社会各方面的力量，支持和关心防沙治沙事业。各级人民政府对在防沙治沙事业中取得显著成绩的单位和个人，要给予表彰奖励，对作出突出贡献的予以重奖。

国务院

二〇〇五年九月八日

## 宁夏回族自治区防沙治沙条例

（2010 年 10 月 15 日宁夏回族自治区第十届人民代表大会常务委员会第二十次会议通过）

### 第一章 总 则

**第一条** 为了预防土地沙化，治理沙化土地，维护生态安全，促进经济和社会可持续发展，根据《中华人民共和国防沙治沙法》和有关法律、法规的规定，结合自治区实际，制定本条例。

**第二条** 在自治区行政区域内从事土地沙化的预防、沙化土地的治理和利用以及监督管理活动，适用本条例。

**第三条** 县级以上人民政府负责领导本行政区域的防沙治沙工作。

各级人民政府应当采取有效措施，预防土地沙化，治理沙化土地，保护和改善生态质量。

自治区、设区的市、县（市、区）林业主管部门负责组织、协调、管理和监督本行政区域的防沙治沙工作。

县级以上人民政府农牧、水利、国土资源、环境保护、科技等部门和气象主管机构，应当按照各自职责，做好防沙治沙工作。

**第四条** 防沙治沙工作应当坚持科学统一规划，因地制宜，突出重点，防治并重，综合治理，合理利用，生态、经济和社会效益相统一，保障防沙治沙者合法权益的原则。

**第五条** 县级以上人民政府应当将防沙治沙纳入国民经济

和社会发展规划以及年度计划，将防沙治沙所需经费纳入本级财政预算，并随着财政收入的增长逐步增加。

**第六条**　自治区人民政府应当制定优惠政策，鼓励和支持单位、个人进行防沙治沙。

县级以上人民政府应当按照国家有关规定，根据防沙治沙的面积和难易程度，给予从事防沙治沙活动的单位和个人资金补助、财政贴息以及依法减免税费等优惠。

**第七条**　自治区人民政府应当根据防沙治沙的需要，设立防沙治沙重点科研项目和示范、推广项目，加快建设国家防沙治沙综合示范区，办好中国防沙治沙大学（宁夏防沙治沙职业技术学院），加快防沙治沙专业技术人才的培养。

县级以上人民政府应当鼓励和支持防沙治沙技术推广工作；支持防沙治沙教育、科研和培训机构的建设，发挥高等院校、科研单位、防沙治沙机构的作用；支持开展防沙治沙的国际间交流合作。

**第八条**　各级人民政府应当组织有关部门开展防沙治沙知识的宣传教育，增强公民防沙治沙的意识，提高公民防沙治沙的能力。

鼓励和支持公民、法人、其他组织开展防沙治沙募捐和公益性宣传活动。

**第九条**　县级以上人民政府应当建立防沙治沙任期目标责任考核奖惩制度。对在防沙治沙工作及其科研、技术推广中成绩突出的单位和个人，应当给予表彰和奖励。

## 第二章　防沙治沙规划与管理

**第十条**　县级以上人民政府应当依据上一级人民政府的防

沙治沙规划，结合沙化土地状况及其所发挥的生态、经济和社会功能，组织编制本行政区域防沙治沙规划，报上一级人民政府批准后实施。

防沙治沙规划应当与土地利用规划、水资源规划、环境保护规划相衔接。

**第十一条** 沙化土地实行分类保护、分区管理。沙化土地分为封禁保护区、预防保护区和治理利用区。

封禁保护区是指在规划期内不具备治理条件的连片沙化土地，以及因保护生态需要不宜开发利用的连片沙化土地。

预防保护区是指具备自然恢复能力的连片沙化土地，以及经过治理基本形成固定沙地，但极易风化和活化的连片沙化土地。

治理利用区是指具备一定治理条件，能够通过综合治理逐步恢复改善植被和生态功能的沙化土地，以及治理后可以适度开发利用的沙化土地。

封禁保护区的具体范围，由自治区人民政府按照国家和自治区防沙治沙规划确定并公布；预防保护区和治理利用区的具体范围，由县级以上人民政府报自治区人民政府批准后公布。

**第十二条** 封禁保护区所在地区县级以上人民政府有关行政管理部门应当在明显位置设立标牌，明示封禁保护区的范围、界限和保护措施。

在封禁保护区内，除纳入国家规划进行修建铁路、公路等建设活动外，不得从事生产、建设和其他破坏植被的活动。

禁止在封禁保护区内安置移民。

**第十三条** 在预防保护区内禁止砍挖林草、放牧、开垦、挖沙、取土等活动。

经预防保护区所在地区县级以上人民政府有关行政管理部门批准，可以对预防保护区内林草植被进行抚育、复壮、补植等提高保护区生态功能的活动。

对预防保护区可以实行阶段性封禁。具体封禁期限、范围由县级以上人民政府确定。

**第十四条** 在治理利用区内禁止砍挖灌木、药材以及其他固沙植物。

## 第三章　土地沙化预防与监督

**第十五条** 县级以上人民政府林业主管部门应当定期对沙化土地和土地沙化情况进行监测，并将监测结果报告本级人民政府以及上一级林业主管部门。对土地发生沙化或者沙化程度加重的，收到报告的人民政府应当组织有关部门采取有效措施进行治理。

**第十六条** 县级以上人民政府不得批准在沙漠边缘地带和林地、草原开垦耕地；已经开垦的，应当纳入防沙治沙规划。

**第十七条** 县级以上人民政府林业主管部门应当严格控制防风固沙林网、林带的采伐。除抚育更新性质的采伐外，不得批准对防风固沙林网、林带进行采伐。

因林木老化、病虫害等原因确需对防风固沙林网、林带进行抚育更新性质采伐的，应当预先在其附近形成接替林网、林带，报经自治区人民政府林业主管部门验收合格后，方可采伐。

流动沙地边缘营造的乔木型防风固沙林网、林带，可以进行抚育更新性质的采伐。未达到更新标准的，不得批准采伐。灌木型防风固沙林网、林带应当按照有关规定和技术规程进行平茬抚育。

对林木更新困难地区已有的防风固沙林网、林带，不得批准采伐。

第十八条　各级人民政府应当做好风沙危害区域的草原建设和管理。

县级以上人民政府农牧部门应当按照草原保护、建设、利用规划和防沙治沙规划开展草地治理，保护草原植被，防止草原退化、沙化。

第十九条　县级以上人民政府林业、农牧等部门应当做好苗木品种选择和苗木病、虫害检疫，加强对林草有害生物的监测预警、调查和防治工作。

第二十条　各级人民政府应当鼓励发展替代燃料，开发利用沼气、风能、太阳能等能源，逐步改变沙化土地所在地区依赖植被资源生产、生活的方式。

第二十一条　在不适合人居和开展生产经营活动的沙化土地范围内，县级以上人民政府应当按照有关规定组织生态移民，进行治理或者封禁保护。

第二十二条　在沙化土地范围内从事油气勘探开发以及矿产资源开采的，应当采取生态环境保护措施，防止地下水水位下降、地表塌陷和植被退化。县级以上人民政府林业、农牧、水利、国土资源、环境保护等有关部门应当对开发和开采单位的生态环境保护以及地表植被恢复情况进行监督检查。

第二十三条　在沙化土地范围内从事开发建设活动的，应当依法进行环境影响评价和水资源论证，并将防沙治沙工程设施建设和生态保护措施的实施纳入开发建设项目。对可能造成水土流失、土地沙化、破坏生态环境的开发建设项目，不得批准立项。

## 第四章　沙化土地治理与利用

**第二十四条**　治理沙化土地应当坚持生物措施与工程措施相结合，因地制宜地采取退耕还林、退牧还草、封沙育林育草、建设防护林、保护湿地、小流域综合治理以及合理调配生态用水等措施，恢复和增加植被。

治理沙化土地以植树造林为主要措施的，县级以上人民政府应当鼓励和支持营造经济林，发展生态经济型林业。

**第二十五条**　县级以上人民政府应当合理配置水资源，推广、利用节水技术，建设配套水源工程和小型蓄水节水设施，提高水资源利用率，保障沙化土地所在地区的生态用水。

**第二十六条**　已经沙化的耕地，应当根据土地沙化程度，推广免耕技术、种植多年生经济作物等生态治理措施。

沙化耕地的具体范围由自治区人民政府组织林业、国土资源、农牧、环境保护等有关部门确定。

**第二十七条**　城镇、村庄、厂矿、部队营区、国防工业基地、农牧渔场经营区、水库周围和铁路、公路、河流、水渠两侧的沙化土地，实行单位治理责任制。

县级以上人民政府及其林业主管部门应当对治理责任的落实情况进行监督检查。

**第二十八条**　各级人民政府鼓励和支持单位、个人在自愿的前提下，以捐资、投入劳动、合作等形式开展公益性治沙活动。

单位和个人在沙化土地上植树种草、造林绿化，享受国家和自治区造林绿化资金补助等优惠。

**第二十九条**　县级以上人民政府应当加强公益性治沙技术

推广服务体系的建设。

林业、农牧、水利、国土资源、环境保护等有关部门应当为公益性治沙活动提供治理地点和无偿技术指导。

从事公益性治沙活动的单位和个人，应当按照治沙技术要求进行治理。

**第三十条** 单位和个人投资进行治沙的，在投资阶段依法免征有关税收；取得一定收益后，可以依法免征或者减征有关税收。

农村集体经济组织及其成员对已经沙化的土地进行集中治理投入的资金和劳力，可以折算为治理项目的股份、资本金，也可以采取其他形式给予补偿。

**第三十一条** 从事营利性治沙活动的单位和个人，应当依法取得沙化土地使用权，并签订治理协议，按照批准的治理方案进行治理。

从事营利性治沙的单位和个人在治理任务完成后，应当向县级以上人民政府有关行政管理部门提出验收申请。经验收合格的，有关行政管理部门应当发给治理合格的证明；验收不合格的，应当继续治理。

沙化土地治理经营权可以依法转让。

**第三十二条** 对在相对集中连片的沙化土地上营造的用材林达到一定规模的，实行限额采伐和木材生产计划单列，经县级以上人民政府林业主管部门批准后，自主经营、自主采伐、备案管理。

**第三十三条** 沙化土地范围内的生态公益林地的保护费用，应当纳入县级以上人民政府森林生态效益补偿的范围，享受国家森林生态效益补偿。

第三十四条 县级人民政府应当建立健全植被管护制度，根据需要在乡（镇）、村建立植被管护组织，确定管护人员，明确管护责任，严格保护植被。

第三十五条 因保护生态的特殊要求，沙化土地治理后经批准划为自然保护区、沙化土地封禁保护区或者生态公益林的，批准机关应当按照有关规定给予治理者经济补偿。

第三十六条 各级人民政府应当鼓励和支持单位、个人在适宜开发利用的沙化土地区域开发沙化土地资源，种植沙生林果、沙生药材、固沙牧草等沙生经济作物；鼓励发展沙区特色种植业、养殖业、加工业、旅游业和其他沙产业。

第三十七条 自治区人民政府应当对节水灌溉、沙地旱作农业、沙区能源、沙生经济作物等方面的科学研究与技术推广给予资金补助、依法减免税费等优惠。

## 第五章 法律责任

第三十八条 违反本条例第十二条第二款、第十三条第一款、第十四条规定的，由县级以上人民政府有关行政管理部门按照各自职责，责令停止违法行为，没收违法所得，限期恢复植被；情节严重的，处以被破坏沙化土地植被面积每平方米五元以上十元以下的罚款；构成犯罪的，依法追究刑事责任。

第三十九条 违反本条例第十六条规定，批准在沙漠边缘地带和林地、草原开垦耕地的，对直接负责的主管人员和其他直接责任人员，由监察机关或者上级人民政府依法给予处分。

第四十条 违反本条例第十七条第一款规定，除抚育更新性质的采伐外，批准采伐防风固沙林网、林带的，对直接负责的主管人员和其他直接责任人员，由所在单位、监察机关或者上级行政主管部门依法给予处分。

**第四十一条** 违反本条例第三十一条第一款、第二款规定，不按照治理方案进行治理，或者经验收不合格又不按要求继续治理的，由县级以上人民政府有关行政管理部门责令限期改正；情节严重的，可以处相当于治理费用一倍以上三倍以下的罚款。

**第四十二条** 当事人对行政处罚决定不服的，可以依法申请行政复议或者提起行政诉讼。

**第四十三条** 防沙治沙监督管理人员滥用职权、玩忽职守、徇私舞弊的，依法给予处分；构成犯罪的，依法追究刑事责任。

## 第六章 附 则

**第四十四条** 本条例自 2010 年 12 月 1 日起施行。

## 内蒙古自治区实施《中华人民共和国防沙治沙法》办法

内蒙古自治区第十届人民代表大会常务委员会公告

〔2004〕第 17 号

2004 年 7 月 31 日内蒙古自治区第十届人民代表大会常务委员会第十次会议通过《内蒙古自治区实施〈中华人民共和国防沙治沙法〉办法》，现予公布，自 2004 年 9 月 1 日起施行。

2004 年 7 月 31 日

### 第一章 总 则

**第一条** 根据《中华人民共和国防沙治沙法》和国家有关法律、法规，结合自治区实际，制定本办法。

**第二条** 在自治区行政区域内从事土地沙化的预防、沙化土地的保护治理和开发利用活动，应当遵守本办法。

本办法所称沙化土地，包括已经沙化的土地和具有明显沙化趋势的土地。沙化土地的具体范围及类型区由自治区防沙治沙规划确定。

**第三条** 沙化土地所在地区的旗县级以上人民政府应当将防沙治沙纳入国民经济和社会发展计划，保障和支持防沙治沙工作的开展。

**第四条** 沙化土地所在地区的各级人民政府应当建立行政

领导防沙治沙任期目标责任考核奖惩制度，按照年度防沙治沙任务，逐级签订目标责任状。

沙化土地所在地区的旗县级以上人民政府应当向同级人民代表大会及其常务委员会报告防沙治沙工作情况。

**第五条**　在旗县级以上人民政府领导下，旗县级以上人民政府林业行政主管部门负责组织、协调、指导本行政区域内的防沙治沙工作。

旗县级以上人民政府林业、农牧业、水利、国土资源、环境保护等行政主管部门和气象主管机构，按照职责分工，各负其责，密切配合，共同做好防沙治沙工作。

苏木乡镇负责防沙治沙的工作机构从事有关的防沙治沙管理和技术服务工作，指导农村牧区集体、个人的防沙治沙活动。

**第六条**　使用土地的单位和个人有防止该土地沙化的义务；使用沙化土地的单位和个人，有治理该沙化土地的义务。

**第七条**　任何单位和个人不得侵犯防沙治沙者的合法权益。

**第八条**　在防沙治沙工作中做出显著成绩的单位和个人，由旗县级以上人民政府给予表彰奖励，有突出贡献的，应当给予重奖。

**第九条**　各级人民政府应当组织有关部门开展防沙治沙知识的宣传教育，增强公民的防沙治沙意识，提高公民防沙治沙的能力。

## 第二章　防沙治沙规划

**第十条**　防沙治沙应当实行统一规划。自治区人民政府林业行政主管部门依据全国防沙治沙规划，会同发展改革行政管理部门和农牧业、水利、国土资源、环境保护等有关部门编制自治区防沙治沙规划，并组织有关专家论证后，由自治区人民政府报国务院或者国务院指定的有关部门批准后组织实施。

沙化土地所在地旗县级以上人民政府组织林业等有关部门，依据上一级人民政府防沙治沙规划，编制本行政区域防沙治沙规划，报上一级人民政府批准后组织实施。

沙化土地所在地旗县级人民政府林业行政主管部门会同其他有关部门依据批准的防沙治沙规划，编制具体实施方案，经同级人民政府同意后，纳入国民经济和社会发展五年规划和年度计划。

**第十一条** 编制防沙治沙规划，应当根据沙化土地所处的地理位置、土地类型、植被状况、气候和水资源状况、土地沙化程度等自然条件及其所发挥的生态、经济功能，对沙化土地实行分类保护、综合治理和合理利用。

**第十二条** 沙化土地分为封禁保护区、恢复保护区、治理利用区。

封禁保护区是指不具备治理条件、生态区位重要、生态状况脆弱、因保护生态需要不宜开发利用的连片沙化土地。

恢复保护区是指有明显沙化趋势并具备自然恢复能力的连片沙化土地，以及经过治理已基本形成固定沙地，但稳定性差，一经破坏极易风化和活化的连片沙化土地。

治理利用区是指宜被治理或者治理后能够适度利用的沙化土地。

**第十三条** 沙化土地上的典型自然景观、沙生植被及珍稀濒危野生动物集中分布的或者对防沙治沙具有特殊保护价值的区域，旗县级以上人民政府应当按照国家和自治区有关规定建立自然保护区，加强保护和管理。

## 第三章　土地沙化的预防

**第十四条**　自治区人民政府林业行政主管部门组织有关部门开展全区土地沙化情况的监测、统计和分析，并定期公布监测结果。

旗县级以上人民政府林业行政主管部门应当在沙尘暴多发区、土地沙化扩展速度较快地区、生态区位重要地区，按照国家有关土地沙化监测技术规程，对土地沙化进行监测，并将监测结果向本级人民政府及上一级林业或者其他有关行政主管部门报告。

**第十五条**　旗县级以上人民政府林业行政主管部门应当严格控制防风固沙林网、林带的更新采伐。在沙漠和流动沙地边缘地带营造的乔木型防风固沙林网、林带，未达到过熟林或者未营造接替林网、林带的，不得批准采伐。灌木型防风固沙林网、林带按照有关技术规定进行平茬抚育。

**第十六条**　在封禁保护区内严禁一切破坏植被的活动。

禁止在封禁保护区范围内安置移民。旗县级以上人民政府应当有计划地组织迁出封禁保护区范围内的农牧民并妥善安置。封禁保护区内尚未迁出的农牧民的生产生活，由封禁保护区管理部门协助当地政府妥善安排。

封禁保护区所在地旗县级人民政府应当在明显位置设立标牌，明示封禁保护区的范围、界限和保护措施。

**第十七条**　在恢复保护区内禁止砍挖林木及其他植物和开垦等活动。经旗县级以上人民政府林业行政主管部门批准，可以进行适度的抚育、复壮、补植等活动，改善和提高恢复保护区的生态功能。

在恢复保护区内可以实行阶段性封禁，具体封禁期限、范围由旗县级以上人民政府根据本地区实际确定。

**第十八条** 在治理利用区内，从事种植业、养殖业、加工业、开采业等活动的，必须遵守有关法律、法规，并采取必要的防护措施，先治理后利用，防止加重土地沙化。

**第十九条** 旗县级以上人民政府应当因地制宜地采取措施，加强草原管理和建设。由农牧业行政主管部门按照草原保护建设利用规划和防沙治沙规划开展草地治理，保护草原植被，防止草原退化和沙化。

在草原上施工的单位和个人，必须采取必要的保护措施，限期恢复植被。

**第二十条** 旗县级以上人民政府应当对本地区水资源状况进行监测，加强水资源的配置和管理，发展节水型农牧业和其他产业，防止因水资源的过度开发利用，导致植被退化和土地沙化。

## 第四章 沙化土地的治理

**第二十一条** 旗县级以上人民政府应当按照防沙治沙规划，组织单位和个人开展沙化土地治理活动。因地制宜地采取人工造林种草、飞播造林种草、封沙育林育草、退耕退牧还林还草等措施，恢复和增加植被，治理已沙化的土地。

**第二十二条** 城镇、村庄、厂矿、旅游区、机场、农牧场、湖泊、水库周围及铁路、公路两侧的沙化土地，由旗县级以上人民政府依据有关规定划定责任区域，实行单位治理责任制，并对治理责任制完成情况进行监督检查。

**第二十三条** 鼓励单位和个人以自愿捐资、投劳等形式开展公益性治沙活动。

旗县级以上人民政府或者有关行政主管部门应当为公益性治沙活动提供治理地点和技术服务，依法保护土地使用权人和土地承包经营权人的合法权益，并妥善安排治理区内农牧民的生产生活。

**第二十四条** 鼓励、支持、引导单位和个人从事营利性治沙活动。不具有土地所有权或者使用权的单位和个人从事营利性治沙活动的，应当依法取得土地使用权或者承包经营权。

在国有沙化土地上从事营利性治沙活动的单位和个人，应当与该沙化土地的所有权人或者使用权人签订治理协议，依法取得该沙化土地的使用权或者承包经营权。

在集体所有、尚未承包到户的沙化土地上从事营利性治沙活动的单位和个人，应当与该集体经济组织签订治理协议，依法取得该沙化土地的承包经营权。

在已承包到户的集体所有沙化土地上从事营利性治沙活动的单位和个人，应当在承包期限内与承包人签订治理协议，依法取得该沙化土地的承包经营权。

治理期限和当事人的其他权利和义务由协议双方依法在治理协议中约定。

**第二十五条** 从事营利性治沙活动的单位和个人，按照《中华人民共和国防沙治沙法》的规定，应当向治理项目所在地旗县级以上林业或者旗县级以上人民政府指定的其他行政主管部门提出治理申请，受理申请的林业或者其他行政主管部门组织有关专家对治理方案进行论证，符合规定的应予批准。

**第二十六条** 从事营利性治沙活动的，治理后的林草覆盖率应不低于70%。

在沙化土地治理区域内严格控制建设用地，具体办法由自治区人民政府制定。

**第二十七条** 从事营利性治沙活动的单位和个人应当按期完成治理任务。治理任务完成后，由原批准的行政主管部门组织验收。验收合格的，发给沙化土地治理合格证明；验收不合格的，治理者应当继续治理。

**第二十八条** 沙化土地所在地区各级人民政府应当在本级财政预算中按照防沙治沙规划通过项目预算安排资金，用于本级人民政府确定的防沙治沙工程。

任何单位和个人不得截留、挪用防沙治沙资金。

**第二十九条** 旗县级以上人民政府应当按照国家有关规定制定优惠政策，鼓励、支持单位和个人防沙治沙。

## 第五章　法律责任

**第三十条** 违反本办法规定，有下列情形之一的，按照《中华人民共和国防沙治沙法》的有关规定予以处罚：

（一）在沙化土地封禁保护区内从事破坏植被活动的；

（二）土地使用权人和土地承包经营权人未采取防沙治沙措施造成土地严重沙化的；

（三）进行营利性治沙活动造成土地沙化加重的；

（四）未按照治理方案进行治理或者经验收不合格又不按要求继续治理的。

**第三十一条** 违反本办法规定，在恢复保护区内砍挖林木及其他植物和开垦等活动的，由旗县级以上人民政府林业或其他有关行政主管部门按照各自职责，责令停止违法行为，没收其违法所得，可以并处违法所得一倍以上三倍以下罚款；没有违法所得的，可以处 1 万元以下罚款；构成犯罪的，依法追究刑事责任。

第三十二条　违反本办法规定，在沙化土地封禁期或者休牧期内放牧的，由旗县级以上人民政府林业或者农牧业行政主管部门按照各自职责，责令停止违法行为，可以按每只（头）并处 5 元以上 10 元以下罚款。

第三十三条　违反本办法规定，有下列行为之一的，由有关部门按照管理权限对直接负责的主管人员和其他直接责任人员依法给予行政处分；构成犯罪的，依法追究刑事责任：

（一）侵犯防沙治沙者合法权益的；

（二）发现土地沙化或者沙化程度加重不及时报告的；

（三）批准采伐未达到过熟林或者未营造接替的林网、林带的；

（四）在封禁保护区范围内安置移民的；

（五）符合营利性治沙申请规定应予批准而不批准或者不符合营利性治沙申请规定而予批准的；

（六）应当发给沙化土地治理合格证明而不发给或者不应当发给而发给的；

（七）截留、挪用防沙治沙资金的。

## 第六章　附　则

第三十四条　本办法自 2004 年 9 月 1 日起施行。

## 新疆维吾尔自治区实施《中华人民共和国
## 防沙治沙法》办法

（2008 年 5 月 29 日新疆维吾尔自治区第十一届人
民代表大会常务委员会第三次会议通过）

### 第一章　总　　则

**第一条**　为预防土地沙化，治理沙化土地，维护生态安全，促进经济和社会可持续发展，根据《中华人民共和国防沙治沙法》和有关法律、法规，结合自治区实际，制定本办法。

**第二条**　在自治区行政区域内从事土地沙化的预防、沙化土地的治理和开发利用活动，应当遵守本办法。

沙化土地的具体范围由自治区人民政府依据国务院批准的全国防沙治沙规划确定，并向社会公布。

**第三条**　县级以上人民政府应当将防沙治沙纳入国民经济和社会发展规划，定期向本级人民代表大会及其常务委员会报告防沙治沙工作情况，并实行行政领导防沙治沙任期目标责任考核奖惩制度。

**第四条**　县级以上人民政府组织、领导、协调本行政区域内的防沙治沙工作，具体工作由林业行政主管部门负责。

林业、农业、畜牧、水利、财政、发展改革、国土资源、环境保护等行政主管部门和气象主管机构，在各自的职责范围内，负责防沙治沙的相关工作。

**第五条**　使用土地的单位和个人，有防止该土地沙化的义务。

使用已经沙化的土地的单位和个人，有治理该沙化土地的义务。

防沙治沙者的合法权益受法律保障。

第六条　在防沙治沙工作中作出显著成绩的单位和个人，由各级人民政府给予表彰或者奖励。

## 第二章　防沙治沙规划

第七条　防沙治沙实行统一规划。自治区人民政府林业行政主管部门依据全国防沙治沙规划，会同农业、畜牧、水利、财政、发展改革、国土资源、环境保护等行政主管部门和气象主管机构编制自治区防沙治沙规划，经自治区人民政府审核，报国务院或者国务院指定的有关部门批准后组织实施。

州、市（地）、县（市、区）人民政府依据上一级人民政府防沙治沙规划，组织林业等有关部门编制本行政区域防沙治沙规划，报上一级人民政府批准后组织实施。

第八条　编制防沙治沙规划，应当根据沙化土地所处的地理位置、土地类型、植被状况、气候和水资源状况、土地沙化程度等自然条件及其发挥的生态、经济功能，将沙化土地划为封禁保护区、恢复保护区和治理利用区。

封禁保护区是指规划期内不具备治理条件，或者其他不宜开发利用的连片沙化土地。

恢复保护区是指沙化比较严重，但具有自然恢复能力的连片沙化土地，以及经过治理已形成固定沙地，但稳定性差，一经破坏容易引起再度活化的连片沙化土地。

治理利用区是指宜于治理或者治理后能够适度利用的沙化土地。

第九条 防沙治沙规划的编制机关应当将编制规划的依据和理由、具体内容、目标及其实施方法等进行公示，征求社会公众和利益相关者的意见。

第十条 县级以上人民政府应当加强防沙治沙规划的组织实施工作，定期对规划的实施情况进行检查和评估。

## 第三章 土地沙化预防

第十一条 县级以上人民政府林业行政主管部门和其他有关部门应当按照国家有关土地沙化监测技术规程，在主要风沙口、沙尘暴策源地和频发区、土地沙化扩展地区及其他生态区位重要地区分类布设监测站点，进行土地沙化监测，并将监测结果向本级人民政府和上一级林业部门或者其他有关部门报告。监测结果应当定期向社会公布。

第十二条 县级以上人民政府应当制定重大沙尘暴灾害应急预案，建立健全突发沙尘暴灾害的预测、预报、预防和灾后救援的组织管理和紧急处置机制。

第十三条 县级以上人民政府应当按照防沙治沙规划，划出一定面积的土地，在沙漠周边、绿洲内部因地制宜地营造防风固沙林网、林带，做到农田防护林面积不少于耕地面积的12%，人工草场、饲草饲料地防护林面积不少于人工草场、饲草饲料地面积的8%。

第十四条 县级以上人民政府林业行政主管部门应当严格控制防风固沙林网、林带的采伐。

对乔木型防风固沙林网、林带进行抚育、更新，确需采伐林网、林带的，应当先形成接替林网、林带，并经自治区林业行政主管部门验收。

沙漠和流动沙地边缘等林木更新困难地带的防风固沙林网、林带，不得批准采伐。

**第十五条** 禁止在沙漠过缘地带和林地、草原开垦耕地；已经开垦并对生态产生不良影响的，县级以上人民政府应当有计划地组织退耕还林还草。

**第十六条** 禁止在沙化土地上砍挖灌木、药材等防风固沙植物和从事其他破坏植被的活动。

在封禁保护区内进行铁路、公路、石油、天然气开发、电力、通讯等工程建设的，应当经自治区人民政府审核，报国务院或者国务院指定的部门同意。

封禁保护区由所在地的县级人民政府设置标牌，明示封禁保护区的范围、界限和保护措施。

**第十七条** 在恢复保护区内经县级以上人民政府林业行政主管部门批准，可以进行抚育、复壮、补植等活动，改善和提高恢复保护区的生态功能。

恢复保护区可以实行阶段性封禁。具体封禁期限、范围由县级以上人民政府根据本地区实际确定。

**第十八条** 在治理利用区内从事种植、养殖、加工、开采等开发经营活动的，必须遵守有关法律、法规，并采取必要的防护措施，先治理后利用，防止加重土地沙化。

**第十九条** 县级以上人民政府应当有计划地实施划区轮牧、季节性休牧和禁牧。在休牧和禁牧地区，任何单位和个人不得批准或者从事放牧。

**第二十条** 县级以上人民政府应当加强防风固沙林、沙生植被及沙化草原有害生物的预防和治理工作，采取不污染环境以及对人、畜和各种有益生物安全的治理措施，保护沙化土地区域内生物多样性。

第二十一条　县级以上人民政府水行政主管部门或者流域管理机构在编制流域和区域规划时，应当统筹配置防沙治沙用水，合理分配河流上、中、下游用水，防止因水资源分配不合理和过度利用导致自然植被退化和土地沙化。

第二十二条　各级人民政府应当因地制宜地开发风能、太阳能、沼气等能源，以减少对植被的破坏。

第二十三条　在沙化土地范围内从事开发建设活动的，应当依法进行环境影响评价。环境保护行政主管部门在审批环境影响评价文件时，应当就其中有关防沙治沙的内容征求同级林业行政主管部门的意见。

建设单位应当按照经批准的环境影响评价文件有关防沙治沙的要求，采取相应的土地沙化防治措施。

第二十四条　对沙化土地上的典型自然景观、沙生植被以及珍稀濒危野生动物集中分布的区域或者对防沙治沙具有特殊保护价值的区域，应当按照国家和自治区有关规定建立自然保护区，加强保护和管理。

## 第四章　土地沙化治理

第二十五条　县级以上人民政府应当对严重沙化的耕地有计划地实施退耕还林还草；尚未实施退耕还林还草的沙化耕地，应当改革农作制度，推行免耕、少耕和秸秆覆盖等保护性措施。

第二十六条　对沙化的草原各级人民政府应当采取综合治理措施，恢复植被，改善草原生态功能。

鼓励单位和个人因地制宜地建设人工草场，采取牲畜圈养、围栏封育、治虫灭鼠等措施培育草原，防止沙化。

第二十七条　鼓励单位和个人自愿捐资或者以其他形式开展公益性治沙活动。

县级以上人民政府或者有关行政主管部门，应当为公益性治沙活动无偿提供治理地点和实用技术服务。

第二十八条　鼓励、支持、引导单位和个人从事营利性治沙活动。不具有沙化土地所有权或者使用权的，可以与土地所有权或者使用权人签订治理协议，依法取得沙化土地使用权，从事营利性治沙活动。

第二十九条　经批准从事营利性治沙活动的单位和个人，应当按照林业行政主管部门公示的治理方案进行治理；沙化土地治理后，林草覆盖率应当不低于30%。

第三十条　铁路、公路、河流、水渠两侧以及城镇、村庄、厂矿和水库等周围的沙化土地，实行单位治理责任制。责任单位应当按照县级以上人民政府下达的治理责任书进行治理。林业行政主管部门依法对防沙治沙单位的防沙治沙责任落实情况进行监督检查。

## 第五章　保障措施

第三十一条　自治区、州、市（地）、县（市、区）以上人民政府应当在本级财政预算中安排防沙治沙专项资金，用于重点区域的防沙治沙工作，并积极引导社会资金投入防沙治沙。

任何单位和个人不得截留、挪用防沙治沙资金。

第三十二条　防沙治沙活动实行下列优惠措施：

（一）防沙治沙造林用水，执行国家和自治区有关用水优惠规定；

（二）治沙造林、育苗、种草用电，执行农业排灌用电价格；

（三）治理国有未利用沙化土地的土地使用权，可以实行划拨方式，使用期限不超过70年，但应当按约定完成治理目标；

（四）农田林带占地及林带所胁之地，归农田承包者使用，不计入农田承包基数；

（五）单位和个人投资进行防沙治沙的，在投资阶段免征有关税收；取得一定收益后，可以免征或者减征有关税收，造林达到规定规模的，可以享受国家和自治区重点公益林管护政策。

第三十三条　县级以上人民政府应当对防沙治沙科学研究和技术推广提供相应的资金支持，防沙治沙重点科研项目和示范、推广项目，应当优先立项，优先安排经费。

## 第六章　法律责任

第三十四条　违反本办法规定，在封禁保护区、恢复保护区内砍挖林木和其他植物、从事开垦活动破坏林草植被的，由县级以上人民政府林业行政主管部门或者其他行政主管部门按照各自职责责令其停止违法行为，限期恢复林草植被，没收违法所得，可以并处毁坏林草价值一倍以上五倍以下罚款；构成犯罪的，依法追究刑事责任。

第三十五条　违反本办法规定，在治理利用区内从事种植、养殖、加工、开采等开发经营活动，未采取土地沙化防治措施或者采取措施不力，造成该土地沙化加重的，由县级以上人民政府林业行政主管部门或者其他主管部门责令限期治理；逾期未治理的，责令其停止开发经营活动，可以并处1万元以上5万元以下罚款；造成土地严重沙化，属于国有土地的，县级以上人民政府可以收回国有土地使用权；属于农民集体所有土地的，有合同约定的依照合同的约定办理，没有合同约定或者约定不明的，依照有关法律、法规的规定执行。构成犯罪的，依法追究刑事责任。

**第三十六条** 违反本办法规定，在休牧和禁牧地区放牧的，由县级以上人民政府草原和林业行政主管部门按照各自职责，责令改正，并可以按标准畜每只（头）处5元以下罚款。

**第三十七条** 防沙治沙有关行政主管部门及其工作人员有下列行为之一的，对直接负责的主管人员和其他直接责任人员，由本单位、监察机关或者上级行政主管部门依法给予行政处分；构成犯罪的，依法追究刑事责任：

（一）侵害防沙治沙者合法权益的；

（二）擅自修改降低已批准的防沙治沙规划确定的目标任务，或者不按批准的防沙治沙规划进行治理，导致规划确定的目标任务未能实现的；

（三）擅自批准采伐防风固沙林网、林带的，擅自批准在沙化土地范围内从事开发经营活动的，批准在休牧、禁牧地区放牧的，批准在沙漠边缘地带和林地、草原开垦耕地的；

（四）截留、挪用防沙治沙资金的；

（五）其他滥用职权、玩忽职守、徇私舞弊的行为。

**第三十八条** 违反本办法规定，依法应当给予行政处罚的其他行为，依照有关法律、法规的规定处罚。

## 第七章 附 则

**第三十九条** 本办法自2008年8月1日起施行。

## 甘肃省实施《中华人民共和国防沙治沙法》办法

（2002年12月7日省九届人大常委会第三十一次
会议通过）

**第一条** 为预防土地沙化，治理沙化土地，维护生态安全，促进经济和社会的可持续发展，根据《中华人民共和国防沙治沙法》，结合本省实际，制定本办法。

**第二条** 凡在本省行政区域内从事土地沙化的预防、沙化土地的治理和开发利用活动的，均适用本办法。

本省沙化土地和土地沙化的范围，包括防沙治沙规划中确定的沙化土地，以及监测发现有明显沙化趋势的土地。

**第三条** 县级以上人民政府应当将防沙治沙纳入国民经济和社会发展计划，制定中长期规划和年度计划，实行政府行政领导防沙治沙任期目标责任考核奖惩制度，并每年向同级人民代表大会及其常务委员会报告防沙治沙工作情况。

**第四条** 在省人民政府领导下，省林业行政主管部门负责全省的防沙治沙工作，其所属的防沙治沙管理机构负责本办法的具体实施。

市（州）、县（市、区）人民政府及其林业行政主管部门负责本行政区域内的防沙治沙工作。

县级以上人民政府农牧、水利、国土资源、环境保护等行政主管部门和气象主管机构，按照各自的职责，密切配合，共同做好防沙治沙工作。

**第五条** 防沙治沙工作应当统一规划、分步实施，以防为主、防治结合，谁开发、谁保护，谁治理、谁受益。

各级人民政府应当组织、动员全社会力量，按规划开展全民治沙活动，逐步改善沙区生态环境。

第六条　在防沙治沙工作及其科学研究、技术推广中成绩突出的单位和个人，各级人民政府应当给予表彰和奖励；对有突出贡献的，应当给予重奖。

第七条　省林业行政主管部门依据全国防沙治沙规划，结合本省实际，会同有关部门编制防沙治沙规划，经省人民政府审核，报国务院或者国务院指定的有关部门批准后实施。

县级以上林业行政主管部门依据上一级防沙治沙规划，结合本地实际，编制本行政区域防沙治沙规划，经同级人民政府审核，报上一级人民政府批准后组织实施。

防沙治沙规划未经原批准机关批准，任何单位和个人不得擅自改变。

第八条　在沙化土地上的典型自然景观、沙生植被及珍稀濒危野生动物集中分布或者具有特殊保护价值的区域，县级以上人民政府应当建立自然保护区，加强保护与管理。

第九条　沙化土地分为封禁保护区、预防保护区和治理利用区。由县级以上人民政府明令公告。

封禁保护区是指本省境内腾格里、巴丹吉林、库姆塔格原生沙漠；预防保护区是指戈壁、风蚀劣地、固定沙地、固定沙丘；治理利用区是指风沙口，流动沙地、沙丘，半固定沙地、沙丘，已沙化的和有明显沙化趋势的土地。

第十条　在封禁保护区内，严禁一切破坏植被的活动。

在封禁保护区内，确需进行铁路、公路等重点工程建设的，应当经省人民政府审核，报国务院或者国务院指定的部门同意。

第十一条　在预防保护区内，禁止砍挖林草植被及放牧、开垦、采矿、挖沙、铲芒硝、烧蓬灰等破坏植被的活动。

在预防保护区内，禁止安置移民。

在预防保护区内从事开发建设活动的，应当提交有防沙治沙内容的生态环境影响报告，经县级以上林业行政主管部门审核，按国家有关规定报批。开发建设项目中应当有防沙治沙方案，并将治理资金列入项目预算，与主体工程同步实施，并由县级以上林业行政主管部门负责验收。

第十二条　在治理利用区内，禁止砍挖灌木、药材及其他固沙植物。

治理利用区所在地人民政府应当按照防沙治沙规划，组织有关部门、单位和个人，采取人工、飞播、封沙（滩）等措施造林育草，重点治理，增加植被；也可以将沙化土地治理经营权转让给公民、法人和国内外其它组织，进行治理。

第十三条　城镇、村庄、厂矿、部队营区、国防工业基地、农牧渔场经营区、铁路、公路、水库周围的沙化土地，实行单位治理责任制，分别由责任单位负责，按照县级以上人民政府下达的治理责任书进行治理。

第十四条　各级人民政府鼓励单位和个人，以捐资、投劳、参股、合作等各种形式开展公益性治沙活动；各级林业行政主管部门应当提供治理地点、林木种苗和技术指导；有关部门和单位应当减免相关费用。

从事公益性治沙的单位和个人，应当按照县级以上林业行政主管部门或者有关主管部门的技术要求进行治理。

第十五条　从事营利性治沙的单位和个人，应当依法取得沙化土地使用权，并签订治理协议，按照治理方案进行治理。

治理任务完成后，由县级以上林业行政主管部门组织验收，验收合格的，县级以上人民政府发给沙化土地治理合格证；验收不合格的应当继续治理。

取得沙化土地治理合格证的，可以自主经营、开发利用，依法继承、转让和抵押，任何单位和个人不得侵犯其合法权益。

第十六条　沙化土地治理后被划为自然保护区或者生态公益林的，县级以上人民政府应当组织评估，给治理者予以经济补偿。

第十七条　县级以上林业行政主管部门应当在主要风沙口、沙尘暴策源地、重点监测区布设监测站点，对沙化土地的类型面积、分布变化、发育发展、危害威胁等进行动态监测，每年向同级人民政府及上一级林业行政主管部门报告监测结果；发现土地有沙化趋势或者沙化程度加重的，应当及时报告同级人民政府。收到报告的人民政府应当采取有效措施，制止导致土地沙化的行为，并组织治理。

各级气象主管机构应当对沙尘暴天气进行监测，发现异常天气征兆时，应当及时报告当地人民政府。收到报告的人民政府应当采取预防措施，必要时公布灾情预报，并组织林业、农牧、水利等有关部门采取应急措施，避免或者减轻风沙危害。

第十八条　县级以上人民政府应当按照防沙治沙规划，在本级财政预算中安排防沙治沙专项资金，并根据国民经济发展速度，逐年有计划地增加资金投入。在安排扶贫、水利、道路、矿产、能源、农业综合开发等项目中应当设立防沙治沙子项目。

凡用于防沙治沙工程建设的政府无偿投入、财政有偿资金、贷款、国际间援助、国内外社会团体和个人捐赠及各行业投入的资金，必须专款专用，任何单位和个人不得截留、挪用。

第十九条 治理沙化土地，从事林果业、养殖业、农林产品加工业和旅游业等产业的单位和个人，按照有关规定享受资金补助、财政贴息、税费减免等政策优惠。

第二十条 各级人民政府及流域管理机构应当加强流域和区域水资源的统一管理，坚持经济效益、社会效益和生态效益相结合的原则，上中下游综合平衡，地表地下统筹兼顾，按照防沙治沙规划，合理调配生态用水，防止因地下水和河流上游水资源的过度开发利用，导致植被枯萎死亡和土地沙化。

第二十一条 严禁超采、超用水资源。

县级以上水行政主管部门应当建立沙化土地所在地水资源监测体系，动态监测水量和水质变化，及时采取措施，调剂资源余缺，确保水资源高效永续利用。

第二十二条 各级人民政府应当有计划推广应用各种节水技术措施，使用先进高效的节水设备设施，实施水资源集约化经营，大幅度调减农业用水的净灌溉定额，以水定地，节约用水，提高水资源利用率，维护沙化土地区域生态系统平衡。

第二十三条 各级人民政府应当加强牧草资源管理，依据当地牧草资源数量以及载畜能力，统一规划，以草定畜，核定牲畜总量。

第二十四条 各级人民政府牧业行政主管部门应当重点组织建设人工草场，大力发展舍饲和圈养；保护草原植被，实行轮封轮牧；禁止超载滥牧，防治草原虫害、鼠害，防止草原退化和草地沙化。

第二十五条 各级人民政府应当禁止一切乱垦沙荒地行为，保护沙区生态环境；已经开垦并对生态产生不良影响的，应当纳入当地退耕还林还草规划，组织退耕还林还草。

**第二十六条** 县级以上林业行政主管部门不得批准采伐防风固沙林带、林网以及林木和固沙植被；防治林木病虫害等确需进行抚育更新的，必须在其附近形成接替林网和林带，报经省林业行政主管部门验收后依照有关规定审批。

**第二十七条** 县级以上人民政府应当支持防沙治沙科学研究和技术推广工作，发挥科研单位和技术人员的骨干作用，培养防沙治沙专业技术人员，鼓励开展技术承包、技术培训、技术入股和技术推广等多种形式的技术服务活动，提高防沙治沙的科学技术水平。

**第二十八条** 违反本办法第十条第一款、第十一条第一款、第十二条第一款规定，破坏沙化土地植被的，由县级以上林业行政主管部门责令停止违法行为；有违法所得的，没收违法所得；构成犯罪的，依法追究刑事责任。

**第二十九条** 违反本办法第十五条第一款、第二款规定，未按照治理方案进行治理或者经验收不合格又不按照要求继续治理的，由县级以上林业行政主管部门责令停止违法行为，限期改正，可以并处相当于治理费用一倍以上三倍以下的罚款；造成土地沙化加重的，可以并处每公顷 5000 元以上 5 万元以下的罚款。

**第三十条** 违反本办法第十五条第三款规定，擅自在他人的治理范围内从事治理或者开发活动的，由县级以上林业行政主管部门责令停止违法行为；给治理者造成损失的，应当赔偿损失。

**第三十一条** 国家工作人员、防沙治沙管理人员滥用职权、玩忽职守、徇私舞弊，有下列行为之一的，由监察机关或者上级行政主管部门依法给予行政处分；造成损失的，应当承担赔偿责任；构成犯罪的，依法追究刑事责任：

（一）擅自改变防沙治沙规划的；

（二）违反国家规定，擅自批准在沙化土地封禁保护区进行重点工程建设的；

（三）发现土地发生沙化或者沙化程度加重不及时报告的，或者收到报告后不责成有关行政主管部门采取措施的；

（四）截留、挪用防沙治沙资金的；

（五）批准超采、超用水资源，乱开滥垦沙荒地，采伐防风固沙林带、林网以及林木和固沙植被的。

**第三十二条** 本办法自 2003 年 3 月 1 日起施行。

## 陕西省实施《中华人民共和国防沙治沙法》办法

（2003 年 8 月 1 日陕西省第十届人民代表大会常务
委员会第五次会议通过）

**第一条** 为预防土地沙化，治理沙化土地，维护生态安全，促进经济和社会的可持续发展，根据《中华人民共和国防沙治沙法》，结合本省实际，制定本办法。

**第二条** 在本省行政区域内从事土地沙化的预防、沙化土地的治理和开发利用活动，适用本办法。

**第三条** 本省沙化土地包括：（一）榆林市北部长城沿线风沙区已经沙化的土地和具有明显沙化趋势的土地；（二）榆林市南部及延安市北部具有明显沙化趋势的土地；（三）黄河、渭河、汉江沿线及其他已经沙化的土地和具有明显沙化趋势的土地。

沙化土地的具体范围由省人民政府依据国务院批准的全国防沙治沙规划确定。

**第四条** 沙化土地所在地区的县级以上人民政府，应当将防沙治沙纳入国民经济和社会发展计划，保障和支持防沙治沙工作开展。

**第五条** 在省人民政府领导下，省林业行政主管部门负责组织、协调、指导全省防沙治沙工作。

在沙化土地所在地区的市、县（区）人民政府领导下，林业行政主管部门负责组织、协调、指导本行政区域内防沙治沙工作。

沙化土地所在地区的县级以上农业、水利、国土资源、环境保护等行政主管部门和气象主管机构，按照有关法律和本级人民政府确定的职责和分工，各负其责，密切配合，共同做好防沙治沙工作。

**第六条** 沙化土地所在地区的市、县（区）、乡（镇）人民政府，应当建立行政领导防沙治沙任期目标责任考核奖惩制度，按照防沙治沙规划确定的年度防沙治沙任务，逐级签订目标责任书。未完成防沙治沙年度目标任务的，应当向上一级人民政府书面报告，并采取必要的补救措施。

**第七条** 沙化土地所在地区的县级以上人民政府应当每年向同级人民代表大会或者人民代表大会常务委员会报告防沙治沙工作。

**第八条** 沙化土地所在地区各级人民政府应当组织有关部门，采取多种形式，开展防沙治沙知识的宣传教育，增强公民的防沙治沙意识，提高公民防沙治沙的能力。

**第九条** 省林业行政主管部门会同省农业、水利、国土资源、环境保护等行政主管部门和省气象主管机构，依据全国防沙治沙规划，编制全省防沙治沙规划，经省人民政府审核同意后，报国务院或者国务院指定的有关部门批准后实施。

沙化土地所在地区的市、县（区）林业行政主管部门，应当依据上一级人民政府的防沙治沙规划，结合区域特点，组织编制本行政区域的防沙治沙规划，经本级人民政府审核同意后，报上一级人民政府批准后实施。

防沙治沙规划应当与本地区的土地利用总体规划相衔接；防沙治沙规划中确定的沙化土地用途，应当符合本级人民政府的土地利用总体规划。

**第十条** 任何单位和个人不得随意变更经批准的防沙治沙规划。因特殊情况确需变更的，须经原批准机关批准，并报省林业行政主管部门备案。

防沙治沙规划和防沙治沙规划修订方案依法批准后，由本级人民政府向社会公布。

**第十一条** 沙化土地所在地区的县级以上林业行政主管部门应当建立土地沙化监测系统，按照土地沙化监测技术规程，分类布设监测站点，对沙化土地进行监测，并将监测结果报告本级人民政府和上级林业行政主管部门。

沙化土地所在地区的县级以上林业行政主管部门应当根据土地沙化监测结果，建立和完善沙化土地档案。

**第十二条** 对典型沙地生态区域、优良固沙植物集中分布区域和其他对防沙治沙具有特殊保护价值的区域，可以依法划定为自然保护区，进行保护和管理。

**第十三条** 禁止在沙化土地上砍挖灌木、药材及其他固沙植物。

因植物生长特性需要通过平茬等技术措施促进更新的，或者按照治理方案合理利用植物资源的，应当遵守有关法律法规和技术规程，并采取必要的防护措施，防止加重土地沙化。

**第十四条** 禁止在沙化土地上放牧。

沙化土地所在地区的县级以上人民政府应当健全管护制度，落实管护责任。

沙化土地所在地区的县级以上农（牧）业行政主管部门，应当加强沙化土地所在地区草场管理和建设，指导农民改良草、畜品种，推行舍饲养畜。

**第十五条** 沙化土地所在地区的水行政主管部门应当建立

沙化土地所在地水资源监测体系，动态监测水量和水质变化，加强对水资源的优化配置和管理，确保水资源高效永续利用。

沙化土地所在地区的市、县（区）人民政府应当推广利用节水技术、使用节水设备设施，节约用水，提高水资源利用率，防止水资源的过度开采利用，维护沙化土地区域生态系统平衡。

**第十六条** 沙化土地所在地区的各级人民政府应当鼓励开发利用沼气、太阳能、风能等资源。

**第十七条** 在沙化土地范围内从事开发建设活动的，应当依法提交环境影响报告；环境保护行政主管部门在审批环境影响报告时，应当就报告中有关防沙治沙的内容征得同级林业行政主管部门同意。

经批准在沙化土地范围内从事勘探、采矿、兴建地下工程及其他活动的，应当采取保护性措施，防止造成地下水水位下降、地表塌陷和植被枯死。

**第十八条** 省人民政府和沙化土地所在地区的市、县（区）人民政府应当通过实施防沙治沙、退耕还林还草、三北防护林、天然林保护等工程，组织有关部门、单位和个人，因地制宜地采取人工造林种草、飞机播种造林种草、封沙育林育草和合理调配生态用水等措施，恢复和增加植被，治理已经沙化的土地。

**第十九条** 鼓励单位和个人自愿捐资或者以其他形式开展公益性治沙活动。

从事公益性治沙活动的单位和个人，可以自己组织治理，也可以委托他人代为治理。被委托人应当向委托人报告治沙情况。

从事公益性治沙活动的单位和个人应当向县级以上林业行政主管部门备案，林业行政主管部门应当提供治理地点和无偿技术指导。

　　**第二十条**　使用已经沙化的国有土地的使用权人和农民集体所有土地的承包经营权人，有治理该沙化土地的义务。当地人民政府及其林业、农业、水利等有关部门应当提供技术指导。

　　**第二十一条**　从事营利性治沙活动的单位和个人，应当依法取得土地使用权，按照《中华人民共和国防沙治沙法》第二十六条、第二十七条的规定，向治理项目所在地的县级以上林业行政主管部门提出治理申请和治理方案，并按批准的方案治理。

　　林业行政主管部门应当加强对营利性治沙活动的监督检查，防止治理不当造成土地沙化加重。

　　**第二十二条**　从事营利性治沙活动的单位和个人，完成治理任务后，应当向当地县级以上林业行政主管部门提出验收申请。县级以上林业行政主管部门应当按照治理方案和有关技术标准进行验收。验收合格的，发给治理合格证明文件；验收不合格的，治理者应当继续治理。

　　**第二十三条**　铁路、公路、河流、水渠两侧以及城镇、村庄、厂矿、水库周围的沙化土地，实行单位治理责任制，分别由责任单位负责，按照县级以上人民政府下达的治理责任书进行治理。

　　林业行政主管部门依法对防沙治沙单位防沙治沙责任落实情况进行监督检查，任何单位和个人不得干涉和阻拦。

　　**第二十四条**　鼓励单位和个人采取多种方式，依法开发利用沙地资源，发展沙生林果、沙生药材、固沙牧草等沙生经济作物，牲畜饲养，生态旅游以及其他沙产业，改善沙区的生态环境，促进沙区经济的发展。

第二十五条　省人民政府和沙化土地所在地区的市、县（区）、乡（镇）人民政府应当在本级财政预算中按照防沙治沙规划通过项目预算安排资金，用于本级人民政府确定的防沙治沙工程。在安排扶贫、农业、水利、林业、道路、矿产、能源、农业综合开发等项目时，应当根据具体情况，设立若干防沙治沙子项目。

第二十六条　防沙治沙资金实行专款专用，任何单位和个人不得截留、挪用。审计、财政和有关行政主管部门应当加强对防沙治沙资金的监督。

第二十七条　县级以上人民政府应当支持防沙治沙科学研究和技术推广工作，鼓励科研单位和科技人员开展防沙治沙科学技术研究、技术推广、技术咨询和技术服务。

第二十八条　有下列情形之一的单位或者个人，由县级以上人民政府予以表彰奖励：（一）承包沙化土地面积一千亩以上，治理效果显著的；（二）从事防沙治沙科研和技术推广工作，有突出贡献的；（三）从事防沙治沙工作十年以上，成绩显著的；（四）贯彻执行防沙治沙有关法律、法规成绩显著的；（五）其他在防沙治沙工作中做出突出贡献的。

第二十九条　违反本办法第六条规定，没有正当理由，未完成防沙治沙年度目标任务，不向上一级人民政府书面报告，又不采取必要的补救措施的，对责任人由监察机关依法给予行政处分。

第三十条　违反本办法第十三条规定，在沙化土地上砍挖灌木、药材及其他固沙植物的，由县级以上林业行政主管部门责令停止违法行为，限期恢复植被，有违法所得的，没收其违法所得。

第三十一条　违反本办法第十四条第一款规定，在沙化土地上放牧的，由县级以上人民政府林业行政主管部门责令改正，并按每只（头）十元以上三十元以下处以罚款。

第三十二条　违反本办法第十七条第二款规定，造成地下水水位下降、地表塌陷和植被枯死，对其他单位和个人的生活、生产造成损失的，采矿单位或者建设单位应当采取补救措施，依法赔偿损失。

第三十三条　违反本办法第二十一条规定，进行营利性治沙活动，造成土地沙化加重的，由县级以上林业行政主管部门责令停止违法行为，可以并处每公顷五千元以上五万元以下的罚款；造成固定、半固定沙地退化为流动沙地的，由县级以上林业行政主管部门责令停止违法行为，并处每公顷三万元以上五万元以下的罚款。

第三十四条　国家机关工作人员、防沙治沙管理人员在防沙治沙工作中，滥用职权、玩忽职守、徇私舞弊的，对直接负责的主管人员和其他直接责任人员，由监察机关或者上级行政主管部门依法给予行政处分；构成犯罪的，依法追究刑事责任。

第三十五条　违反本办法规定的其他行为，依照《中华人民共和国防沙治沙法》和有关法律、法规的规定予以处罚。

第三十六条　对个人处以五千元以上罚款，对单位处以三万元以上罚款，当事人有要求举行听证的权利。

当事人对行政处罚不服的，可以依法申请行政复议或者直接向人民法院提起行政诉讼。

第三十七条　本办法自 2003 年 9 月 1 日起施行。

# 全国荒漠化和沙化监测
# 管理办法（试行）

国家林业局关于印发

《全国荒漠化和沙化监测管理办法》（试行）的通知

林沙发〔2003〕239 号

各有关省、自治区、直辖市林业厅（局）：

为加强对全国荒漠化和沙化监测工作的管理，进一步规范荒漠化和沙化监测工作，提高监测质量，我局制定了《全国荒漠化和沙化监测管理办法》（试行）。现印发给你们，请遵照执行。

二○○三年十二月二十三日

## 第一章 总 则

**第一条** 为加强和规范荒漠化和沙化监测工作，保证荒漠化和沙化监测工作的顺利开展，提高监测成果质量，依据《中

华人民共和国防沙治沙法》的规定和《联合国关于在发生严重
干旱和/或荒漠化的国家特别是在非洲防治荒漠化的公约》的要
求，制定本办法。

**第二条** 本办法适用于由国家组织开展的荒漠化和沙化监
测工作。

**第三条** 全国荒漠化和沙化监测任务是对全国荒漠化土地
和沙化土地及其防治状况和发展趋势实施监测，为国家制定荒
漠化土地或沙化土地防治政策、规划和宏观决策提供科学依据，
为依法防沙治沙、实行行政领导任期目标责任考核奖惩制度，
保护、治理和合理利用沙区资源提供依据。

本办法所指的荒漠化土地和沙化土地的含义及其监测范围、
任务和内容以《全国荒漠化和沙化监测技术规定》的规定为准。

**第四条** 全国荒漠化和沙化监测要坚持宏观监测与微观监
测相结合，定期监测和不定期监测相结合，先进技术和常规技
术相结合，遥感监测和地面调查相结合的原则，充分利用现有
的先进监测方法和手段，不断提高监测的精度和灵敏度，以满
足不同层次、多个方面的需求。

**第五条** 全国荒漠化和沙化监测工作由国务院林业行政主
管部门统一安排和部署，各地要按照全国统一的技术规程、标
准和工作要求开展工作。

# 第二章 监测体系

**第六条** 全国荒漠化和沙化监测网络体系由国家级、省级
和县级三个层次组成，实行统一领导、分级负责。各级林业行
政主管部门负责各自行政辖区内的荒漠化和沙化监测工作，并

向同级人民政府和上级主管部门报告监测结果情况。

一、国务院林业行政主管部门负责组织和管理全国荒漠化和沙化监测工作。负责组织制订有关荒漠化和沙化监测的工作方案、技术规程和技术标准，组织开展全国或区域性的荒漠化和沙化监测工作，组织指导和检查各省（区、市）的荒漠化和沙化监测工作，发布全国荒漠化和沙化监测结果等。其具体业务主管部门为国务院林业行政主管部门防治荒漠化管理中心。

国务院林业行政主管部门委托其荒漠化监测中心或其它技术力量较强的调查规划设计单位作为全国荒漠化和沙化监测的技术依托单位。技术依托单位负责研究、制定全国荒漠化和沙化监测技术规程和标准；承担监测技术培训、技术指导和质量监督以及监测成果汇总、分析与评价；负责国家级荒漠化和沙化监测信息系统的建设、运行、更新及维护等。

二、省级林业行政主管部门负责组织和管理各自辖区内的荒漠化和沙化监测工作。其主要职责是根据国家荒漠化和沙化监测的有关技术规定，组织制定本省区的监测工作方案、操作细则；组织、指导和监督检查本省区的监测工作；组织进行省级监测成果汇总评价等。

省级监测的技术工作应由具有甲级资质的省林业调查规划设计单位承担，没有甲级资质林业调查规划设计单位的省区，也可以与技术力量相对较强的科研院所和林业调查规划设计单位合作。各省技术承担单位和监测队伍要保持相对稳定，以保证监测工作的连续性和监测结果的可靠性。

三、县级林业行政主管部门负责各自辖区内的监测工作。其主要职责是按照全国荒漠化和沙化监测技术规程和省区的操作细则，独立开展或协配合省级林业部门开展本行政区域内的荒漠化和沙化监测工作，定期或不定期地报告荒漠化、沙化动态变化情况，特别是在监测过程中发现土地发生荒漠化、沙化或者荒漠化、沙化程度加重的，要及时向县级人民政府和上级林业行政主管部门报告；完成省级林业行政主管部门部署的各项监测任务。

县级监测工作一般由县级林业行政主管部门组建或指定专门的机构负责，监测队伍的组成应包括乡镇林业站的技术人员。

**第七条** 依据荒漠化和沙化监测的不同的目的和要求，荒漠化和沙化监测包括宏观监测、重点（或敏感）地区监测、典型定位监测、专项工程效益监测以及沙尘暴灾害评估五个方面的内容。

一、宏观监测。为每五年开展一次的全国范围内的荒漠化和沙化监测。目的是为获取各省区、大区域或全国范围内的荒漠化、沙化现状及动态变化宏观数据，为国家、大区域及各省区制定荒漠化防治、防沙治沙的宏观决策提供依据。该项监测从 1994 年开始为第一期，1999 年为第二期，2004 年为第三期，以后依次类推。

二、重点（或敏感）地区监测。目的是为满足某种特定需要而对一些诸如荒漠化扩展迅速、影响强烈或工程治理等受关注的地区进行专项监测，提供重点地区荒漠化或沙化面积、动态变化及其原因等情况，为防沙治沙执法、地方行政领导政绩评价、区域性防治规划的制订和决策提供依据。根据需要不定期地开展。

三、典型定位监测。目的是为了深入分析、研究荒漠化或沙化发生、发展、演变机理以及土壤、植被、气候、社会经济等因子与土地荒漠化或沙化动态变化的相互关系，而对若干典型地区根据实际需要进行长期连续观测、分析。

四、防沙治沙重点工程项目绩效监测。目的是掌握和了解防沙治沙工程项目实施质量和效益，为综合评价工程建设的效果提供依据。从工程开始实施直至结束连续进行监测。

五、沙尘暴灾害评估。每年进行沙尘暴观测、相关灾害信息调查和收集及其灾害情况评估，并对下一年度沙尘暴趋势状况进行分析预测的一项监测工作。

**第八条** 典型定位监测站由国务院林业行政主管部门视工作需要有计划地批准建立。典型定位监测站依据定位监测技术规定和国家的要求开展工作，接受全国荒漠化和沙化监测的技术依托单位的组织和业务指导，依托大专院校、科研院所和规划设计部门进行。各省区林业行政主管部门要积极支持辖区内的定位监测站的业务工作。

**第九条** 为加强对监测工作的组织领导，各级林业行政主管部门要成立监测工作领导小组，及时召开会议研究解决监测工作中出现的重大问题。领导小组由各级林业行政主管部门的主要领导担任组长，防沙治沙、造林、资源、计财和监测技术承担单位等部门的主要负责人参加，办公室设在防沙治沙主管部门，负责荒漠化和沙化监测的日常工作。办公室组成人员应包括荒漠化业务主管部门和监测技术承担单位负责人。监测组织机构要上下一致，便于工作协调和联系。

**第十条** 加强监测队伍建设。建立健全国家、省和县三级监测机构和队伍，做到机构确定、职责明确，人员固定。荒漠化、沙化面积较大的省区，应以现有荒漠化和沙化监测机构和队伍为基础成立荒漠化和沙化监测中心，专门从事本省区的荒漠化和沙化监测工作。

**第十一条** 加强科技支撑工作，切实将科技保障贯穿于监测工作的全过程。各地要成立荒漠化和沙化监测咨询专家组，加强对监测工作的技术咨询和指导。积极支持新技术试点和推广，不断完善荒漠化和沙化监测的技术体系，提高监测工作的科技含量。

# 第三章 质量管理

**第十二条** 各级监测管理机构和监测承担单位必须树立质量第一意识，高度重视监测的质量和进度，加强检查督促，确保按时保质、保量地完成监测各项工作任务。

**第十三条** 荒漠化和沙化监测实行全面质量管理。要本着"预防为主，防检结合"的原则，严格执行"事前指导，事中检查，成果校审"的三环节管理。

各级监测管理机构与监测技术承担单位要成立专门的质量监督小组，负责监测工作的质量监督工作。每个监测工序完成后，都要进行质量检查，严格把关。检查合格的，检查人员要在验收单上签字。前一道工序没有检查、检查不合格的或没有检查人员签字的，不得进入下一道工序。

**第十四条** 要层层建立监测质量责任制和责任追究制度。实行监测承担单位领导、项目负责人和监测人员三级责任制，将监测的质量责任落实到人。并按监测成果质量状况实行奖惩。

**第十五条** 各级林业行政主管部门应当根据国家或上一级主管部门的监测技术规程（或规定），结合本地的实际情况制订监测实施细则或操作办法。荒漠化和沙化监测的各项技术规程、实施细则和操作办法等，须经专门的专家会议论证通过后报送上级林业行政主管部门审核、备案。

第十六条　各地在监测工作正式开展前，要认真做好培训和试点工作，统一技术标准、操作方法和有关要求。参加监测和质量监督工作的人员都要接受系统的岗前培训，进行严格考核，实行持证上岗。不合格的，不得上岗工作。

第十七条　建立检查验收制度，确保监测成果质量。荒漠化和沙化监测的检查验收实行"三查一验"制度，即监测工组自查、省级检查、国家阶段性检查（由国家监测技术承担单位负责）和国家级质量验收。通过层层检查，严格把关，确保监测成果质量。检查验收的内容、标准和要求应当严格执行荒漠化和沙化监测技术规程、操作细则等规定。对于成果质量达不到要求的，必须返工。

第十八条　为保证各地监测成果质量，各省区的荒漠化和沙化监测成果应经相关专业领域专家共同论证后才能正式行文上报国务院林业行政主管部门。论证时应有国家林业行政主管部门委派的专家参加。

# 第四章　监测经费管理

第十九条　国家将根据各地荒漠化和沙化监测任务情况，安排一定的专项财政补助经费用于荒漠化和沙化监测，各地应安排配套资金用于荒漠化和沙化监测工作，配套比例原则上不得低于1：1。

第二十条　各地要严肃财经纪律，保证荒漠化和沙化监测经费的专款专用。中央财政荒漠化和沙化监测补助资金主要用于全国宏观监测、重点（敏感）地区监测、典型定位监测和沙尘暴灾害信息收集及灾害评估及防治重点项目效益监测等领域。

荒漠化和沙化监测资金主要用于与上述监测工作相关的仪器设备、软件和卫片等物资的购置，调查经费，技术咨询、培训和指导，专题调研，检查验收，资料收集、建档和信息系统构建，成果印刷以及有关的会议等。各地不得以任何理由截留、挤占和挪用资金。

第二十一条 为提高资金的使用效果，监测经费实行报帐制。中央专项财政监测补助资金由国家集中下达，各省区可视监测工作进度和质量情况分批将资金拨付给监测承担单位。监测工作启动前可预拨 60% 的启动资金，外业结束后内业汇总前再拨 30% 的资金，剩余 10% 的资金需在整个成果通过省级论证并经国家级验收合格后方能拨付。对未达到质量要求的，经返工达到国家进度和质量要求后，才能拨付剩余资金。

第二十二条 加强对监测经费使用情况的管理。各地要及时地将资金使用情况向上级主管部门报告，要与审计部门密切配合，对荒漠化和沙化监测专项资金的拨付、使用和配套资金落实情况定期进行检查和审计。对查出的违规、违纪问题建议各地及时纠正，严肃处理，并进行通报。

## 第五章　监测数据和成果管理

第二十三条 全国荒漠化和沙化监测成果由国务院林业行政主管部门防治荒漠化管理中心统一管理，全国荒漠化和沙化监测的技术依托单位进行维护。

第二十四条 荒漠化和沙化监测成果由国务院林业行政主管部门依法统一发布。

全国荒漠化和沙化宏观监测成果每五年发布一次。监测成果发布的内容主要包括：荒漠化、沙化的面积、分布、变化状况和危害以及荒漠化、沙化的防治情况和效益等。

第二十五条　各级荒漠化和沙化管理机构和监测技术承担单位要做好监测成果的保密工作。未经批准，任何单位和个人不得对外提供监测数据。

第二十六条　各级荒漠化和沙化监测管理机构和监测技术承担单位要做好荒漠化和沙化监测档案资料的积累、归档工作。每次监测工作结束后，要认真总结，将监测成果及相关技术规程、文件、报告以及相关基础资料等分门别类地进行归档，建立档案，专人负责管理，有条件的要进行计算机管理，以备查阅。

第二十七条　各地要运用地理信息系统（gis）、全球定位系统（gps）、遥感（rs）等技术，逐步建立国家、省、县三级荒漠化和沙化土地地理信息管理系统，实行信息化和网络化管理。

# 第六章　奖励与惩罚

第二十八条　国家将对各省级荒漠化和沙化监测成果进行综合评价。对于监测成果较好的单位和先进个人，将予以表彰，并给予必要的奖励。

第二十九条　对有下列情况之一的省区和个人，将视情节予以通报批评、调减省区监测经费，情节严重的将建议有关部门对主要负责人和主要责任人给予必要的行政处分。构成犯罪的，将依法追究法律责任。

（一）不按国家规定开展监测工作的；

（二）监测成果质量较差，返工后仍未达到国家规定的质量要求的；

（三）未按时提交监测成果，影响全国汇总的；

（四）资金使用出现违纪违规现象的；

（五）弄虚作假，编造数据的；

（六）未经同意擅自对外泄露监测数据的。

# 第七章　附　则

第三十条　各地应根据本办法，结合实际情况，制定相应的管理办法，报上一级林业行政主管部门备案。

第三十一条　本办法由国务院林业行政主管部门负责解释。

第三十二条　本办法自发布之日起执行。

# 附　录

## 国家沙化土地封禁保护区管理办法

国家林业局关于印发
《国家沙化土地封禁保护区管理办法》的通知
林沙发〔2015〕66号

各省、自治区、直辖市林业厅（局），内蒙古、吉林、龙江、大兴安岭森工（林业）集团公司，新疆生产建设兵团林业局，国家林业局各司局、各直属单位：

为进一步加强和规范沙化土地封禁保护区建设和管理，根据《中华人民共和国防沙治沙法》的有关规定，我局研究制定了《国家沙化土地封禁保护区管理办法》（见附件），现印发给你们，请认真遵照执行。

国家林业局

2015 年 5 月 28 日

第一条　为规范国家沙化土地封禁保护区建设和管理，根据《中华人民共和国防沙治沙法》等有关法律法规和全国防沙治沙规划，制定本办法。

国家沙化土地封禁保护区的划定和管理，应当遵守本办法。

第二条　国家林业局负责国家沙化土地封禁保护区的划定工作，并对其进行指导、监督和管理。

第三条　对于不具备治理条件的以及因保护生态的需要不宜开发利用的连片沙化土地，由国家林业局根据全国防沙治沙规划确定的范围，按照生态区位的重要程度、沙化危害状况和国家财力支持情况等分批划定为国家沙化土地封禁保护区。

第四条　划定和管理沙化土地封禁保护区，应该坚持"统筹规划，严格保护，集中连片，突出重点"的基本原则，在地块上不得与自然保护区及其他已批准设立的保护区重叠。

第五条　国家沙化土地封禁保护区的建设内容主要包括：封禁设施建设、管护队伍建设、固沙压沙等生态修复与治理、成效监测、宣传教育、档案建设与管理等。

第六条　划定国家沙化土地封禁保护区，应该具备以下条件。

（一）纳入全国防沙治沙规划中确定的封禁保护范围的沙化土地；

（二）生态区位重要，对周边地区乃至全国生态状况有明显影响的沙化土地；

（三）存在人为活动，且人为活动对生态破坏比较严重的沙化土地；

（四）受自然、技术和资金等条件限制，目前尚不具备治理条件的以及因保护生态的需要不宜开发利用的沙化土地；

（五）地域上相对集中连片，面积在 100 平方公里以上的沙化土地。

第七条　有关省级林业主管部门对于符合上述划定条件的

沙化土地，可以提出划定国家沙化土地封禁保护区的申请。申请材料应包括以下内容。

（一）所在地县级人民政府关于同意设立国家沙化土地封禁保护区的文件，并提交拟划定国家沙化土地封禁保护区土地权属清晰、无争议以及相关权利人同意纳入国家沙化土地封禁保护区管理的证明文件和相关利益主体无争议的证明材料；

（二）拟划定国家沙化土地封禁保护区内有固定居民的，需提交县级人民政府编制的居民安置方案及移民承诺书；

（三）拟划定国家沙化土地封禁保护区可行性研究报告；

（四）反映拟划定国家沙化土地封禁保护区现状的图片资料和影像资料。

第八条　国家林业局组织有关专家对拟划定的国家沙化土地封禁保护区进行评审，专家评审通过并经国家林业局同意后，在国家林业局政府网站上进行公示，公示时间为 7 个工作日，公示无异议后由国家林业局公告。

第九条　国家沙化土地封禁保护区的命名方式为：省（自治区、直辖市）名称+具体区域名称+国家沙化土地封禁保护区。

第十条　国家沙化土地封禁保护区一经划定，省级林业主管部门负责组织本省（自治区、直辖市）国家沙化土地封禁保护区的建设、管理及检查验收等工作。

第十一条　国家沙化土地封禁保护区以县域为单位组织实施。跨市、县的国家沙化土地封禁保护区由其共同上级林业主管部门负责组织、协调和管理，具体涉及的县分别组织实施。

国家沙化土地封禁保护区所在地县级人民政府应当对国家沙化土地封禁保护区四至范围、封禁规定予以公告，任何单位和个人不得擅自变更国家沙化土地封禁保护区范围。县级林业主管部门负责本辖区内国家沙化土地封禁保护区建设的实施、日常保护和管理工作，应当明确国家沙化土地封禁保护区管理机构，配备必要的管理人员、技术人员和相应的设备设施，保障国家沙化土地封禁保护区建设和管理工作顺利实施。

第十二条　县级国家沙化土地封禁保护区管理机构的主要职责包括：

（一）负责组织实施国家沙化土地封禁保护区封禁设施建设和固沙压沙等生态修复与治理，定期进行维护更新；

（二）负责组建管护队伍，制定规章制度，落实管护措施和责任，组织开展日常巡护工作；

（三）组织开展封禁保护的成效监测和宣传教育；

（四）负责建立和管理国家沙化土地封禁保护区档案，定期向上级林业主管部门报送相关信息。

第十三条　国家沙化土地封禁保护区封禁设施建设完工后，由省级林业主管部门负责组织验收，国家林业局组织抽查。

第十四条　除国家另有规定外，在国家沙化土地封禁保护区范围内禁止下列行为：

（一）禁止砍伐、樵采、开垦、放牧、采药、狩猎、勘探、开矿和滥用水资源等一切破坏植被的活动；

（二）禁止在国家沙化土地封禁保护区范围内安置移民；

（三）未经批准，禁止在国家沙化土地封禁保护区范围内进行修建铁路、公路等建设活动。

第十五条　确需在国家沙化土地封禁保护区范围内进行修建铁路、公路等建设活动的，应当按照"在沙化土地封禁保护区范围内进行修建铁路、公路等建设活动审核"的行政许可要求，报国家林业局行政许可。

经国家林业局同意在国家沙化土地封禁保护区范围内进行建设活动的，实施单位要严格执行国家林业局行政许可的有关规定，地方各级林业主管部门应当加强对建设活动的监督检查。

第十六条　违反本办法第十四条、第十五条规定的，依照《中华人民共和国防沙治沙法》第三十八条、第四十三条有关规定予以查处。

第十七条　本办法施行前已经试点建设的沙化土地封禁保护区，统一划定为国家沙化土地封禁保护区，由国家林业局公告。

第十八条　本办法由国家林业局负责解释。省级林业主管部门可以根据本办法制定实施细则。

第十九条　本办法自 2015 年 7 月 1 日起施行，有效期至 2020 年 12 月 31 日。

# 国家沙化土地封禁保护区名单

国家林业局公告

2016 年第 22 号

根据《国家沙化土地封禁保护区管理办法》（林沙发〔2015〕66 号）有关规定，现将内蒙古自治区新巴尔虎左旗嵯岗等 61 个沙化土地封禁保护区（名单见附件），统一划定为国家沙化土地封禁保护区。

特此公告。

附件：国家沙化土地封禁保护区名单

国家林业局

2016 年 12 月 28 日

附件

## 国家沙化土地封禁保护区名单

| 序号 | 名　称 |
|------|--------|
| 1 | 内蒙古自治区新巴尔虎左旗嵯岗国家沙化土地封禁保护区 |
| 2 | 内蒙古自治区扎鲁特旗乌力吉木仁国家沙化土地封禁保护区 |
| 3 | 内蒙古自治区奈曼旗苇莲苏国家沙化土地封禁保护区 |
| 4 | 内蒙古自治区翁牛特旗松树山国家沙化土地封禁保护区 |

续表

| 序号 | 名　称 |
|------|--------|
| 5 | 内蒙古自治区鄂尔多斯市造林总场万太兴国家沙化土地封禁保护区 |
| 6 | 内蒙古自治区鄂托克旗沙日塔拉国家沙化土地封禁保护区 |
| 7 | 内蒙古自治区杭锦旗独贵塔拉国家沙化土地封禁保护区 |
| 8 | 内蒙古自治区杭锦旗双庙国家沙化土地封禁保护区 |
| 9 | 内蒙古自治区乌拉特后旗获各琦国家沙化土地封禁保护区 |
| 10 | 内蒙古自治区阿拉善左旗额尔克哈什哈国家沙化土地封禁保护区 |
| 11 | 内蒙古自治区阿拉善右旗曼德拉国家沙化土地封禁保护区 |
| 12 | 内蒙古自治区额济纳旗温图高勒国家沙化土地封禁保护区 |
| 13 | 西藏自治区噶尔县念久桑国家沙化土地封禁保护区 |
| 14 | 西藏自治区定结县林塘切姆国家沙化土地封禁保护区 |
| 15 | 西藏自治区仲巴县岗珠国家沙化土地封禁保护区 |
| 16 | 陕西省靖边县长城沿线国家沙化土地封禁保护区 |
| 17 | 陕西省横山县黑疙瘩恍惚沙国家沙化土地封禁保护区 |
| 18 | 陕西省榆阳区五十里沙国家沙化土地封禁保护区 |
| 19 | 陕西省定边县北部风沙滩区国家沙化土地封禁保护区 |
| 20 | 甘肃省敦煌市鸣沙山国家沙化土地封禁保护区 |
| 21 | 甘肃省金塔县巴丹吉林沙漠西缘国家沙化土地封禁保护区 |
| 22 | 甘肃省临泽县北部干旱荒漠国家沙化土地封禁保护区 |
| 23 | 甘肃省民乐县东滩国家沙化土地封禁保护区 |
| 24 | 甘肃省民勤县梭梭井国家沙化土地封禁保护区 |
| 25 | 甘肃省永昌县清河绿洲北部国家沙化土地封禁保护区 |
| 26 | 甘肃省玉门市红柳泉国家沙化土地封禁保护区 |
| 27 | 甘肃省金川区腾格里沙漠西部边缘国家沙化土地封禁保护区 |
| 28 | 甘肃省凉州区夹槽滩国家沙化土地封禁保护区 |
| 29 | 甘肃省古浪县麻黄塘国家沙化土地封禁保护区 |

| 序号 | 名　称 |
|------|--------|
| 30 | 甘肃省景泰县翠柳沟国家沙化土地封禁保护区 |
| 31 | 甘肃省环县甜水镇国家沙化土地封禁保护区 |
| 32 | 青海省都兰县夏日哈国家沙化土地封禁保护区 |
| 33 | 青海省乌兰县卜浪沟国家沙化土地封禁保护区 |
| 34 | 青海省海西州茫崖行委国家沙化土地封禁保护区 |
| 35 | 青海省贵南县木格滩国家沙化土地封禁保护区 |
| 36 | 青海省大柴旦行委国家沙化土地封禁保护区 |
| 37 | 青海省格尔木市乌图美仁国家沙化土地封禁保护区 |
| 38 | 青海省海晏县国家沙化土地封禁保护区 |
| 39 | 青海省共和县塔拉滩国家沙化土地封禁保护区 |
| 40 | 宁夏回族自治区灵武市白芨滩防沙林场国家沙化土地封禁保护区 |
| 41 | 宁夏回族自治区红寺堡区酸枣梁国家沙化土地封禁保护区 |
| 42 | 宁夏回族自治区同心县马高庄乡国家沙化土地封禁保护区 |
| 43 | 宁夏回族自治区中卫市沙坡头区长流水国家沙化土地封禁保护区 |
| 44 | 宁夏回族自治区盐池机械化林场国家沙化土地封禁保护区 |
| 45 | 新疆维吾尔自治区沙雅县盖孜库木国家沙化土地封禁保护区 |
| 46 | 新疆维吾尔自治区哈密市南湖乡南部国家沙化土地封禁保护区 |
| 47 | 新疆维吾尔自治区墨玉县喀瓦克乡西北部国家沙化土地封禁保护区 |
| 48 | 新疆维吾尔自治区且末县河东国家沙化土地封禁保护区 |
| 49 | 新疆维吾尔自治区玛纳斯县柳舍国家沙化土地封禁保护区 |
| 50 | 新疆维吾尔自治区鄯善县库木塔格国家沙化土地封禁保护区 |
| 51 | 新疆维吾尔自治区吉木萨尔县 S239 线国家沙化土地封禁保护区 |
| 52 | 新疆维吾尔自治区阿瓦提县和田桥国家沙化土地封禁保护区 |
| 53 | 新疆维吾尔自治区岳普湖县绿洲北缘国家沙化土地封禁保护 |
| 54 | 新疆维吾尔自治区吉木乃县库木托拜国家沙化土地封禁保护区 |

续表

| 序号 | 名　称 |
|------|--------|
| 55 | 新疆维吾尔自治区策勒县策勒乡国家沙化土地封禁保护区 |
| 56 | 新疆维吾尔自治区若羌县国道 218 罗布庄段国家沙化土地封禁保护区 |
| 57 | 新疆维吾尔自治区博湖县阿克别勒库姆国家沙化土地封禁保护区 |
| 58 | 新疆维吾尔自治区木垒县鸣沙山国家沙化土地封禁保护区 |
| 59 | 新疆维吾尔自治区洛浦县杭桂乡北部国家沙化土地封禁保护区 |
| 60 | 新疆维吾尔自治区英吉沙县布谷拉木国家沙化土地封禁保护区 |
| 61 | 新疆维吾尔自治区布尔津县萨热库木国家沙化土地封禁保护区 |

# 城市绿化条例

中华人民共和国国务院令

第 676 号

现公布《国务院关于修改和废止部分行政法规的决定》，自公布之日起施行。

总理 李克强

2017 年 3 月 1 日

（1992 年 6 月 22 日中华人民共和国国务院令第 100 号发布；根据 2011 年 1 月 8 日《国务院关于废止和修改部分行政法规的决定》第一次修订；根据 2017 年 3 月 1 日《国务院关于修改和废止部分行政法规的决定》第二次修订）

## 第一章　总　则

**第一条**　为了促进城市绿化事业的发展，改善生态环境，美化生活环境，增进人民身心健康，制定本条例。

第二条　本条例适用于在城市规划区内种植和养护树木花草等城市绿化的规划、建设、保护和管理。

第三条　城市人民政府应当把城市绿化建设纳入国民经济和社会发展计划。

第四条　国家鼓励和加强城市绿化的科学研究，推广先进技术，提高城市绿化的科学技术和艺术水平。

第五条　城市中的单位和有劳动能力的公民，应当依照国家有关规定履行植树或者其他绿化义务。

第六条　对在城市绿化工作中成绩显著的单位和个人，由人民政府给予表彰和奖励。

第七条　国务院设立全国绿化委员会，统一组织领导全国城乡绿化工作，其办公室设在国务院林业行政主管部门。

国务院城市建设行政主管部门和国务院林业行政主管部门等，按照国务院规定的职权划分，负责全国城市绿化工作。

地方绿化管理体制，由省、自治区、直辖市人民政府根据本地实际情况规定。

城市人民政府城市绿化行政主管部门主管本行政区域内城市规划区的城市绿化工作。

在城市规划区内，有关法律、法规规定由林业行政主管部门等管理的绿化工作，依照有关法律、法规执行。

## 第二章　规划和建设

第八条　城市人民政府应当组织城市规划行政主管部门和城市绿化行政主管部门等共同编制城市绿化规划，并纳入城市总体规划。

**第九条** 城市绿化规划应当从实际出发，根据城市发展需要，合理安排同城市人口和城市面积相适应的城市绿化用地面积。

城市人均公共绿地面积和绿化覆盖率等规划指标，由国务院城市建设行政主管部门根据不同城市的性质、规模和自然条件等实际情况规定。

**第十条** 城市绿化规划应当根据当地的特点，利用原有的地形、地貌、水体、植被和历史文化遗址等自然、人文条件，以方便群众为原则，合理设置公共绿地、居住区绿地、防护绿地、生产绿地和风景林地等。

**第十一条** 城市绿化工程的设计，应当委托持有相应资格证书的设计单位承担。

工程建设项目的附属绿化工程设计方案，按照基本建设程序审批时，必须有城市人民政府城市绿化行政主管部门参加审查。

建设单位必须按照批准的设计方案进行施工。设计方案确需改变时，须经原批准机关审批。

**第十二条** 城市绿化工程的设计，应当借鉴国内外先进经验，体现民族风格和地方特色。城市公共绿地和居住区绿地的建设，应当以植物造景为主，选用适合当地自然条件的树木花草，并适当配置泉、石、雕塑等景物。

**第十三条** 城市绿化规划应当因地制宜地规划不同类型的防护绿地。各有关单位应当依照国家有关规定，负责本单位管界内防护绿地的绿化建设。

**第十四条** 单位附属绿地的绿化规划和建设，由该单位自行负责，城市人民政府城市绿化行政主管部门应当监督检查，并给予技术指导。

**第十五条**  城市苗圃、草圃、花圃等生产绿地的建设，应当适应城市绿化建设的需要。

**第十六条**  城市新建、扩建、改建工程项目和开发住宅区项目，需要绿化的，其基本建设投资中应当包括配套的绿化建设投资，并统一安排绿化工程施工，在规定的期限内完成绿化任务。

# 第三章  保护和管理

**第十七条**  城市的公共绿地、风景林地、防护绿地、行道树及干道绿化带的绿化，由城市人民政府城市绿化行政主管部门管理；各单位管界内的防护绿地的绿化，由该单位按照国家有关规定管理；单位自建的公园和单位附属绿地的绿化，由该单位管理；居住区绿地的绿化，由城市人民政府城市绿化行政主管部门根据实际情况确定的单位管理；城市苗圃、草圃和花圃等，由其经营单位管理。

**第十八条**  任何单位和个人都不得擅自改变城市绿化规划用地性质或者破坏绿化规划用地的地形、地貌、水体和植被。

**第十九条**  任何单位和个人都不得擅自占用城市绿化用地；占用的城市绿化用地，应当限期归还。

因建设或者其他特殊需要临时占用城市绿化用地，须经城市人民政府城市绿化行政主管部门同意，并按照有关规定办理临时用地手续。

**第二十条**  任何单位和个人都不得损坏城市树木花草和绿

化设施。

砍伐城市树木，必须经城市人民政府城市绿化行政主管部门批准，并按照国家有关规定补植树木或者采取其他补救措施。

**第二十一条** 在城市的公共绿地内开设商业、服务摊点的，应当持工商行政管理部门批准的营业执照，在公共绿地管理单位指定的地点从事经营活动，并遵守公共绿地和工商行政管理的规定。

**第二十二条** 城市的绿地管理单位，应当建立、健全管理制度，保持树木花草繁茂及绿化设施完好。

**第二十三条** 为保证管线的安全使用需要修剪树木时，应当按照兼顾管线安全使用和树木正常生长的原则进行修剪。承担修剪费用的办法，由城市人民政府规定。

因不可抗力致使树木倾斜危及管线安全时，管线管理单位可以先行扶正或者砍伐树木，但是，应当及时报告城市人民政府城市绿化行政主管部门和绿地管理单位。

**第二十四条** 百年以上树龄的树木，稀有、珍贵树木，具有历史价值或者重要纪念意义的树木，均属古树名木。

对城市古树名木实行统一管理，分别养护。城市人民政府城市绿化行政主管部门，应当建立古树名木的档案和标志，划定保护范围，加强养护管理。在单位管界内或者私人庭院内的古树名木，由该单位或者居民负责养护，城市人民政府城市绿化行政主管部门负责监督和技术指导。

严禁砍伐或者迁移古树名木。因特殊需要迁移古树名木，必须经城市人民政府城市绿化行政主管部门审查同意，并报同级或者上级人民政府批准。

# 第四章　罚　则

**第二十五条**　工程建设项目的附属绿化工程设计方案，未经批准或者未按照批准的设计方案施工的，由城市人民政府城市绿化行政主管部门责令停止施工、限期改正或者采取其他补救措施。

**第二十六条**　违反本条例规定，有下列行为之一的，由城市人民政府城市绿化行政主管部门或者其授权的单位责令停止侵害，可以并处罚款；造成损失的，应当负赔偿责任；应当给予治安管理处罚的，依照《中华人民共和国治安管理处罚法》的有关规定处罚；构成犯罪的，依法追究刑事责任：

（一）损坏城市树木花草的；

（二）擅自砍伐城市树木的；

（三）砍伐、擅自迁移古树名木或者因养护不善致使古树名木受到损伤或者死亡的；

（四）损坏城市绿化设施的。

**第二十七条**　未经同意擅自占用城市绿化用地的，由城市人民政府城市绿化行政主管部门责令限期退还、恢复原状，可以并处罚款；造成损失的，应当负赔偿责任。

**第二十八条**　对不服从公共绿地管理单位管理的商业、服务摊点，由城市人民政府城市绿化行政主管部门或者其授权的单位给予警告，可以并处罚款；情节严重的，可以提请工商行政管理部门吊销营业执照。

**第二十九条**　对违反本条例的直接责任人员或者单位负责人，可以由其所在单位或者上级主管机关给予行政处分；构成犯罪的，依法追究刑事责任。

**第三十条** 城市人民政府城市绿化行政主管部门和城市绿地管理单位的工作人员玩忽职守、滥用职权、徇私舞弊的，由其所在单位或者上级主管机关给予行政处分；构成犯罪的，依法追究刑事责任。

**第三十一条** 当事人对行政处罚不服的，可以自接到处罚决定通知之日起15日内，向作出处罚决定机关的上一级机关申请复议；对复议决定不服的，可以自接到复议决定之日起15日内向人民法院起诉。当事人也可以直接向人民法院起诉。逾期不申请复议或者不向人民法院起诉又不履行处罚决定的，由作出处罚决定的机关申请人民法院强制执行。

对治安管理处罚不服的，依照《中华人民共和国治安管理处罚法》的规定执行。

# 第五章 附 则

**第三十二条** 省、自治区、直辖市人民政府可以依照本条例制定实施办法。

**第三十三条** 本条例自1992年8月1日起施行。

# 附　录

## 全国造林绿化规划纲要（2011—2020 年）

全国绿化委员会　国家林业局
关于印发《全国造林绿化规划纲要
（2011—2020 年）》的通知
全绿字〔2011〕6 号

各省、自治区、直辖市绿化委员会、林业厅（局），各有关部门（系统）绿化委员会，中国人民解放军、中国人民武装警察部队绿化委员会，内蒙古、吉林、龙江、大兴安岭森工（林业）集团公司，新疆生产建设兵团绿化委员会、林业局：

《全国造林绿化规划纲要（2011—2020 年）》已经全国绿化委员会第二十九次全体会议审议通过，现印发给你们，请认真贯彻执行。

造林绿化是生态建设的核心内容，是维护生态安全的基础保障，是应对气候变化的战略选择，是建设生态文明的重要途径，是我国现代化建设中必须始终坚持的基本国策。实施《纲要》对于贯彻执行党中央、国务院关于生态建设的一系列方针政策，认真落实科学发展观，建设生态文明，转变发展方式，增加森林资源，提升城乡绿化水平，保障国土生态安全，应对全球气候变化，促进经济社会发展和改善民生，如期实现林业"双增"目标，具有十分重要的意义。

按照党的十七大、十七届五中全会精神和中央林业工作会议精神，《纲要》提出了未来10年全国造林绿化工作的指导思想、基本原则、目标任务、建设重点、保障措施等，是统领全国造林绿化事业的纲领性文件，是做好造林绿化工作的基本遵循。各地、各有关部门（系统）要充分认识实施《纲要》的重大意义，切实做好贯彻实施工作。根据《纲要》的要求，加强组织领导，层层制定落实造林绿化目标责任制；搞好协调配合，建立造林绿化协作机制；分级编制规划，层层分解目标、任务、保障措施等，确保《纲要》顺利实施和规划目标的实现。

全国绿化委员会、国家林业局将组织《纲要》实施情况的检查监督。各省（区、市）、各有关部门（系统）要将按程序报批后的本地、本部门（系统）造林绿化规划，以及贯彻实施《纲要》的具体情况，于2011年12月底前报全国绿化委员会、国家林业局。

全国绿化委员会　国家林业局<br>二〇一一年六月十六日

# 前　言

加强生态建设，维护生态安全，建设生态文明，是二十一世纪人类面临的共同主题，也是我国经济社会可持续发展的重要基础。造林绿化是生态建设的核心内容，是维护生态安全的基础保障，是应对气候变化的战略选择，是建设生态文明的重要途径，是我国现代化建设中必须始终坚持的基本国策。

党和国家历来高度重视造林绿化工作，制定实施了一系列促进造林绿化事业发展的方针政策。经过全社会的共同努力，造林绿化事业取得了举世瞩目的成就。一是森林资源快速增长。第七次全国森林资源清查结果显示，全国森林面积19545万公顷，森林覆盖率20.36%，森林蓄积137.21亿立方米；人工林面积6169万公顷，其规模和发展速度均居世界第一。在全球森林资源总体呈下降趋势的情况下，我国实现了森林面积和森林蓄积双增长，森林碳汇大幅度增加。二是林业重点工程建设成绩显著。1999—2009年林业重点工程完成造林4167万公顷。2005—2009年期间，人工林新增面积中74.13%来源于林业重点工程。工程治理区域森林覆盖率大幅提高，生态防护能力显著增强，局部地区生态状况明显改善。三是草原建设成效显著。国家实施草原重大生态建设工程，集中治理生态脆弱和严重退化草场。草原围栏面积达到6634万公顷，草原禁牧休牧轮牧面积累计达10167万公顷，种草保留面积达到2063万公顷，全国草原生态加速恶化的势头初步遏制，草原生态状况局部改善。四是全民义务植树蓬勃开展。开展义务植树以来，各级党政领导率先垂范，宣传发动深入广泛，组织管理不断加强，实现形式不断创新，尽责率逐步提高，全民绿化意识显著增强，累计参加人次达到127.3亿，植树588.96亿株。五是部门绿化稳步推进。按照部门绿化分工责任制的要求，各部门（系统）结合实际，发挥优势，努力推进身边增绿，为我国生态建设事业做出了积极贡献。六是城乡绿化快速发展。全国城市建成区绿化覆盖面积149.45万公顷，绿化覆盖率38.22%，城市人均公园绿地面积10.66平方米。大力推进以城镇、村屯及庭院绿化为重点，以道路绿化、农田防护林为网络的绿化、美化建设，城乡人居环境明显改善。七是森林经营有序开展。提出了森林经营是现代林业建设永恒主题的重要论断，启动了森林抚育补贴试点，开展了森林抚育政策和模式研究。"十一五"期间全国完成中幼林抚育3133万公顷。

我国造林绿化事业虽然取得了巨大成就，但是与建设生态文明和改善人居环境的要求相比还存在相当的差距，造林绿化依然面临着诸多问题和困难。我国现有宜林地4400多万公顷，60%分布在内蒙古和西北等干旱半干旱地区，造林难度大。科技兴林和人才强林战略推进缓慢，区域造林绿化发展水平相差悬殊，造林绿化基础建设薄弱，新造林地后期抚育管护亟需加强，森林质量亟待提高。造林绿化体制机制障碍仍未破除，法律法规制度不健全，资金投入严重不足，企业和群众投入造林绿化的内在动力不够。这些问题制约着造林绿化事业的健康发展。我国仍然是一个缺林少绿的国家。生态问题依然是制约可持续发展的最突出的问题，生态差距仍然是与发达国家最为显著的差距，生态建设仍将是夺取全面建设小康社会新胜利最为紧迫的任务。

党的十七大提出要大力建设生态文明，将生态文明作为全面建设小康社会的重要目标。中央林业工作会议进一步明确：林业在贯彻可持续发展战略中具有重要地位，在生态建设中具有首要地位，在西部大开发中具有基础地位，在应对气候变化中具有特殊地位；实现科学发展必须把发展林业作为重大举措，建设生态文明必须把发展林业作为首要任务，应对气候变化必须把发展林业作为战略选择，解决"三农"问题必须把发展林业作为重要途径。在 2009 年联合国气候变化峰会上，胡锦涛主席向全世界庄严承诺，"大力增加森林碳汇，争取到 2020 年森林面积比 2005 年增加 4000 万公顷，森林蓄积量比 2005 年增加 13 亿立方米"。党和国家的这些决策部署，不仅给我国造林绿化工作赋予了新使命、提出了新要求，也为我国造林绿化事业的发展提供了战略机遇。

为适应经济社会发展对造林绿化的新需求，贯彻落实科学发展观和中央关于加快林业发展的一系列重大决策部署，兑现应对气候变化的国家承诺，全国绿化委员会、国家林业局按照党中央、国务院的要求，编制了《全国造林绿化规划纲要（2011—2020 年）》。在总结经验、分析形势的基础上，提出了今后 10 年造林绿化的目标与任务、实现途径和政策保障，是指导我国造林绿化事业健康发展的纲领性文件。

一、指导思想与基本原则

（一）指导思想

2011—2020 年造林绿化工作要高举中国特色社会主义伟大旗帜，以邓小平理论和"三个代表"重要思想为指导，全面落实科学发展观，深入贯彻中央林业工作会议精神，紧紧围绕 2020 年比 2005 年森林面积增加 4000 万公顷、森林蓄积增加 13 亿立方米的奋斗目标，按照发展现代林业、建设生态文明、推动科学发展的总体要求，坚持依靠人民群众、依靠科学技术、依靠深化改革，以科学发展为主题，以转变发展方式为主线，以保护和自然修复为基础，依托林业重点工程，进一步推进全社会办林业，全民搞绿化，加大造林绿化和森林经营力度，扩大森林面积，增加森林蓄积，提高森林质量，提升森林效能，为维护国家生态安全，保障木材等林产品供给，改善人居环境，实现兴林富民做出更大贡献。

（二）基本原则

——坚持生态优先，生态、经济、社会效益相协调的原则。将改善生态作为造林绿化的首要目标，充分利用和发挥森林的多种功能和综合效益，促进生态改善、产业发展、经济增长、农民增收、社会和谐。

——坚持分类指导、分区施策、突出重点的原则。结合各区域自然地理特点和资源优势，统筹规划，合理布局，依托重点生态工程，突出区域特色，全面推进造林绿化。

——坚持政府主导、部门联动、社会参与、市场推动相结合的原则。加大政府投入，落实部门责任，发挥部门优势；利用市场机制，坚持全社会办林业、全民搞绿化，多层次、多形式推进造林绿化。

——坚持科技兴林、量质并重的原则。遵循自然规律，依靠科技进步，解决营造林难点问题；大力推广优良乡土树种，优化森林结构，培育优质森林；坚持造管并举，强化森林管护，确保营造林成效。

——坚持依法治绿、制度保障的原则。完善造林绿化法规体系，加大执法力度，强化执法监督。健全造林绿化管理制度，完善政策措施，保障造林绿化健康发展。

二、目标与任务

（一）奋斗目标

到 2020 年，森林面积、蓄积稳步增加，区域分布更加合理，林种树种结构趋于优化，森林质量明显提高，森林碳汇显著增加，森林功能大大增强，草原退化趋势得到遏制，全国生态状况明显改善。木材及其它林产品有效供给稳步增长，林业主导产业快速发展。城乡绿化覆盖面积大幅度提高，人居环境总体达到全面建设小康社会的要求。生态文化体系基本形成，全民生态意识明显增强。

——森林面积达到 2.23 亿公顷，森林覆盖率达到 23%以上，林木绿化率达到 29%以上。

——森林蓄积量增加到 150 亿立方米以上，通过实施森林经营、控制消耗等措施，力争达到 158 亿立方米。

——城市建成区绿化覆盖率达到 39.5%，人均公园绿地面积达到 11.7 平方米。

——乡镇建成区绿化覆盖率达到 30%，村屯建成区绿化覆盖率达到 25%，校园绿化覆盖率达到 35%，军事管理区绿化覆盖率达到 65.6%。

——公路宜绿化路段绿化率达到 90%，铁路宜绿化路段绿化率达到 90%。

——全民义务植树尽责率达到 70%。

——造林全部实现基地供种，人工造林良种使用率达到 75%。

——改良草原面积累计达到 6000 万公顷，草原围栏面积达到 15000 万公顷，人工种草保留面积累计达到 3000 万公顷。

其中，到 2015 年，森林面积达到 2.08 亿公顷，森林覆盖率达到 21.66%以上，林木绿化率达到 27%以上。森林蓄积达到 143 亿立方米。城市建成区绿化覆盖率达到 39%，人均公园绿地面积达到 11.2 平方米。乡镇建成区绿化覆盖率达到 25%，村屯建成区绿化覆盖率达到 23%，校园绿化覆盖率达到 23%，军事管理区绿化覆盖率达到 61.1%。公路宜绿化路段绿化率达到 88%，铁路宜绿化路段绿化率达到 87.6%。全民义务植树尽责率达到 65%。主要造林树种种子全部实现基地供种，良种使用率达到65%。

（二）建设任务

围绕奋斗目标，努力完成造林更新，城乡绿化美化，绿色通道、河渠湖库周边绿化、农田林网建设与矿区植被恢复，森林抚育经营，义务植树，种苗建设，草原建设七方面的建设任务。规划造林更新7000万公顷，部门及城乡绿化700万公顷，森林抚育经营7500万公顷，草原建设15000万公顷。

1. 造林更新

加快宜林荒山荒（沙）地造林、其它灌木林地造林，在生态脆弱区和重要生态区位25度以上陡坡耕地和严重沙化土地有规划、有步骤地安排退耕还林，是实现未来10年造林绿化奋斗目标的首要任务。到2020年，规划人工造林、飞播造林、封山育林5700万公顷。其中"十二五"期间，人工造林、飞播造林、封山育林3000万公顷。

对采伐迹地、火烧迹地采取人工更新、人工促进天然更新、天然更新等方式恢复森林。到2020年，规划人工更新600万公顷。其中"十二五"期间，人工更新300万公顷。

对需要进行伐前更新以及郁闭度在0.5（不含）以下、林分结构不合理、不具备天然更新下种条件或培育树种需要在林冠遮荫条件下才能正常生长发育的林分，开展林冠下造林。

到2020年，规划林冠下造林700万公顷。其中"十二五"期间，林冠下造林350万公顷。

2. 城乡绿化美化

坚持"生态型、节约型、功能型"的城乡造林绿化发展方向，合理规划城乡绿地，加强城镇周边的林（草）植被保护，扎实推进城乡绿化工作，不断提高城乡绿地系统分布的均衡性，完善城乡绿地系统防灾避险、科普教育、文化艺术、休闲游憩、节能减排等综合功能，改善人居环境。到 2020 年，规划城市、乡镇、村屯、军事管理区绿化 295.4 万公顷。其中，城市建成区绿化 45 万公顷、乡镇建成区绿化 60 万公顷、村屯建成区绿化 185.4 万公顷、军事管理区绿化 5 万公顷。"十二五"期间，规划城市、乡镇、村屯、军事管理区绿化 147.7 万公顷。其中，城市建成区绿化 22.5 万公顷、乡镇建成区绿化 30 万公顷、村屯建成区绿化 92.2 万公顷、军事管理区绿化 3 万公顷。

3. 绿色通道、河渠湖库周边绿化、农田林网建设与矿区植被恢复

加快公路、铁路沿线、河渠湖库周边绿化和农田林网建设，充分发挥其美化环境、保持水土和防风固沙等功能。加快矿区及周边生态治理和植被恢复，改善矿区生态。到 2020 年，规划公路、铁路、河渠湖库周边造林绿化 154.6 万公顷，农田林网建设 150 万公顷，矿区植被恢复造林 100 万公顷。"十二五"期间，规划公路、铁路、河渠湖库周边绿化 77.3 万公顷，农田林网建设 75 万公顷，矿区植被恢复造林 50 万公顷。

4. 森林抚育经营

造林绿化"三分造、七分管"。森林经营是实现林业发展方式转变的重要途径，是现代林业建设的永恒主题。要将森林经营放在与植树造林同等重要的地位，坚持一手抓造林绿化，一手抓抚育经营，实现数量与质量相统一。到 2020 年，规划森林抚育经营（含低产林改造）7500 万公顷，其中"十二五"期间规划森林抚育经营（含低产林改造）3500 万公顷。要进一步编制森林经营专项规划，明确建设重点和具体任务，深化落实森林抚育经营各项措施，科学实施森林抚育和低产林改造，切实

优化森林结构，不断提高林地生产力。

5. 义务植树

深入推进全民义务植树，不断创新义务植树实现形式和管理机制，提高义务植树成效。2011—2020年，规划义务植树65亿人次，植树260亿株以上。其中"十二五"期间，义务植树30亿人次，植树120亿株以上。

6. 种苗建设

加强林木良种基地建设，培育良种壮苗。到2020年，规划建设林木种质资源保存库200处、9690公顷；培育优良品种和优良无性系500个以上；建设重点林木良种基地300处、16870公顷；重点林木采种基地100处、4710公顷；扶持保障性苗圃300处、6000公顷。其中"十二五"期间，建设林木种质资源保存库100处、5000公顷；培育优良品种和优良无性系300个以上；建设重点林木良种基地150处、8500公顷；重点林木采种基地50处、2500公顷；扶持保障性苗圃150处、3000公顷。

7. 草原建设

加大草原保护建设力度，通过人工种草、补播改良、封沙（滩）育草、退牧还草等措施，全面加强草原生态建设。大力推行禁牧、休牧和划区轮牧，实现草畜平衡，促进草原植被加快恢复。今后十年，规划改良草原面积3500万公顷，草原围栏10000万公顷，人工种草保留面积1500万公顷。其中，"十二五"期间，规划改良草原面积2000万公顷，草原围栏5000万公顷，人工种草保留面积1000万公顷。

三、建设重点

要确保实现规划目标，必须继续推进天然林资源保护、退耕还林、京津风沙源治理、"三北"及长江流域等防护林建设、石漠化治理、重点地区速生丰产用材林基地建设等重点工程，积极营造公益林，加大沙化、荒漠化、石漠化和重点地区、重点流域的生态治理力度，构建东北森林区、西北风沙区、东部沿海区、西部高原区、长江、黄河、珠江、中小河流及库区、平原农区、城市森林等十大生态屏障，构筑

维护国土生态安全保障体系；紧紧围绕林产品加工、木本油料、森林旅游等林业十大主导产业的发展，大力培育商品林，加大珍贵树种、木本油料林等特色经济林、生物质能源林、竹藤等培育力度，为保障木材及其它林产品供给夯实基础；科学配置树种结构，大力营造混交林，不断提高成林质量；加快推进城乡绿化，扎实开展身边增绿，努力改善人居环境。

我国地域辽阔，各地自然和社会条件差异极大，可造林地资源分布极不均衡，林业主导功能和发展方向不尽相同，草原类型多样，必须充分尊重各地的客观实际和资源特点，科学制订发展战略，才能确保造林绿化稳步发展。按照"西治、东扩、北休、南用"的总体布局，根据各地特点，综合考虑地理环境、降水差异、造林绿化难易程度、森林经营习惯和草原利用方式等因素，将全国划分为东北地区、北方干旱半干旱地区、黄土高原和太行山燕山地区、华北与长江下游丘陵平原地区、南方山地丘陵地区、东南沿海及热带地区、西南高山峡谷地区、青藏高原地区等八大区域。依据分类指导、分区施策的原则，明确各区域功能定位，分区制订造林绿化发展战略，确定各地造林绿化重点和主攻方向。

（一）东北地区

包括黑龙江大部、内蒙古自治区东北部、吉林大部和辽宁大部分地区。该区是我国木材的重要产区和战略储备基地，是松嫩

平原和呼伦贝尔大草原的天然生态屏障，是东北地区主要江河的发源地与水源涵养地，也是我国东北粮仓的天然"保护伞"。森林植被以天然林为主，可采林木资源濒临枯竭，林分质量较差。

建设重点：保护现有天然林资源，积极营造公益林，大力发展农田防护林，优化森林结构，构筑东北森林生态屏障。大力营造速生丰产用材林等商品林，加大低产林改造力度，积极培育水曲柳、胡桃秋、黄菠萝、椴树、栎类、红松等珍贵树种，发展工业原料林、能源林、特色经济林，重构林区产业体系，建设我国用材林资源储备基地。加强城市、乡镇、村屯绿化，改善农村人居环境。加强天然草原保护，加大盐渍化草原的治理改良力度，恢复草原植被。

（二）北方干旱半干旱地区

包括吉林西部、黑龙江西部、辽宁西部、山西北部、陕西北部、宁夏北部、甘肃西北部、青海西北部、内蒙古大部和新疆全部。该区降水稀少，大部分地区年均降水量在 400 毫米以下，森林植被以灌木林为主，荒漠化草原分布广泛。区内集中了我国所有的沙漠和主要沙地，生态系统十分脆弱，水土流失和风沙危害严重，是我国主要的沙尘源，也是我国森林草原主要的高火险区。

建设重点：以防沙治沙为主攻方向，通过封山（沙）育林（草）、飞播造林、人工造林种草等方式，大力营造防风固沙林、水土保持林等公益林，支持百万亩人工林基地建设，有计划地对陡坡耕地和严重沙化耕地实施退耕还林，对沙化严重牧场实施退牧还草。因地制宜地选择造林树种和植被恢复方式，优先选择沙棘、沙柳、柽柳、白刺、柠条、杨柴、梭梭、花棒、刺槐、沙枣、文冠果、山杏、榆树、胡杨等耐旱树种，科学合理地发展杨树、油松、樟子松等树种，积极实施封山育林，坚持封、飞、造相结合，乔、灌、草合理搭配，尽快恢复和增加林草植被，遏制沙化扩展趋势，构筑北方防风固沙生态屏障。在条件适宜地区，大力发展核桃、枣、无花果、苹果、香梨、巴旦杏、枸杞等特色经济林，稳步推进沙产业。在人口聚居地区加大造林绿化力度，巩固和扩大绿洲面积。加快治理退化草原，恢复草原植被，改善草原生态，提高草原生产能力，促进农牧民脱贫致富。

（三）黄土高原和太行山燕山地区

包括山西大部以及青海东北部、甘肃中东部、内蒙古西南部、宁夏南部、陕西中部、河南西部、河北西北部、北京西北部。该区生态脆弱，水土流失严重，立地条件差，森林草原植被较少，宜林宜草荒山荒地多，造林绿化潜力大。

建设重点：加强黄河中上游森林和草原植被的恢复与保护，对陡坡耕地有计划地退耕还林还草，实行封、飞、造相结合，大力发展刺槐、黄连木、文冠果、栎类、油松、柏树、山桃、山杏等乔木及柠条、沙棘等灌木，重点营造水土保持林、水源涵养林和防风固沙林等公益林，发展核桃、苹果、枣、杏、花椒等特色经济林，稳步推进森林经营，采取围栏、补播、禁牧、休牧、轮牧等措施，重点实施退牧还草、风沙源草原治理、草业良种等工程，治理退化草原，恢复草原植被，逐步形成完善的林草植被体系，推动黄河流域生态屏障建设，提高维护黄河中下游及华北平原生态安全的能力。

（四）华北与长江下游丘陵平原地区

包括天津、山东、江苏、上海全部及北京大部、河北大部、河南中东部、安徽北部、浙江北部。该区大部分地处平原地区和东部沿海，经济发达，林产加工业发展较快，是我国重要的果品生产基地和木材加工业基地。农田防护林、经济林发展基础较好。草原植被覆盖度较高、天然草原品质较好，草地畜牧业较为发达的地区，发展人工种草和草产品加工潜力很大。

建设重点：建设和完善沿海基干防护林带、高标准农田防护林网，构筑沿海和平原地区生态屏障。加快水系、荒山和黄河故道沙区造林绿化，大力发展楸树、黄连木、银杏等珍贵树种，稳步推进杨树、泡桐等速生丰产林基地建设，加强以核桃、枣、板栗、苹果、桃、樱桃等干鲜果为主的特色经济林建设。合理布局木荷等森林防火树种，强化生物防火林带建设。加强森林经营，优化森林结构，提高森林质量。加快城市森林生态屏障建设，加强乡村绿化，推进城乡绿化一体化。大力推广人工种草，积极发展草产业，拓展农牧民增收渠道。

（五）南方山地丘陵地区

包括重庆、湖北、贵州、湖南、江西全部及陕西秦岭以南、四川东部、云南东北部、广西北部、广东北部、福建西北部、浙江中南部、安徽南部、河南南部。该区以山地、丘陵为主，光、热、水、气条件优越，森林植被丰富，森林覆盖率较高，是我国重要的集体林区和商品林基地。草资源丰富，牧草生长期长，产草量高。目前草资源开发利用不足，垦草问题突出。局部地区石漠化严重，水土流失加剧。

建设重点：在强化公益林保护，提高公益林综合效能的同时，积极调整林种树种结构，加强低产林改造，加大中幼林抚育力度，提高林地生产力，稳步推进各类商品林基地建设。继续推进杉木、松类等用材林和竹林基地建设，加快培育樟树、楠木、桦木、花榈木、银杏、红豆杉等珍贵树种，大力发展油茶等木本油料林，积极发展厚朴、杜仲、黄柏、板栗、锥栗、山核桃、核桃、香榧、柑橘、李子等特色经济林。积极营造麻疯树、光皮树、油桐、无患子、山苍子等生物质能源林。合理布局木荷等森林防火树种。江河两岸、湖库周围及石漠化严重地区以退耕还林和封山育林为主，在营造水土保持林和水源涵养林的同时，实施岩溶地区石漠草地植被恢复工程和草地开发利用工程，合理开发林果和草地资源，发展草地农业和畜牧业，加快岩溶地区石漠化综合治理，恢复林草植被，构筑长江、珠江中上游生态屏障。

（六）东南沿海及热带地区

包括福建东南部、广东大部、海南及南海诸岛、广西南部、云南思茅以南热带地区。该区属典型的热带、南亚热带常绿阔叶林区和季雨林区。自然条件优越，生物多样性丰富，十分适合林木生长。

建设重点：建设和完善沿海防护林基干林带，条件适宜区域恢复红树林，构筑以防护林为主体的东部沿海绿色生态屏障。加强森林抚育经营，优化森林结构，大力发展降香黄檀、紫檀、青檀、格木等红木类及柚木、桂花、红椎、土沉香、铁力木、西南桦等常绿阔叶珍贵树种。因地制宜、科学发展桉树、相思等短轮伐期工业原料林。稳步建设龙眼、荔枝、芒果、澳洲坚果、腰果、开心果等热带优质林果基地。

（七）西南高山峡谷地区

包括西藏东南部、云南西北部、四川西部、甘肃南部地区。该区山高谷深，是我国和东南亚几条主要江河的上游区和交汇带。人烟稀少、经济落后、交通不便，天然林多、人工林少，大面积原始林主要集中于此。

建设重点：保护和发展原生植被，对陡坡耕地有计划地退耕还林还草，在江河两岸、湖库周围、高山陡坡、干热河谷地带,大力营造水土保持林和水源涵养林,构筑长江上游生态屏障。在立地条件适宜区域积极培育云杉、冷杉、红豆杉、松类、桦木、桤木等适生树种,适度发展用材林和工业原料林,有计划地开展森林经营活动,提高森林质量。适度发展人工种草。

(八)青藏高原地区

包括青海南部、四川西北部和西藏大部分地区。该区具有独特的高原地理环境和特殊的气候条件,自然环境恶劣,生态系统极度脆弱,植物生长期短,乔木生长困难。植被以高寒草原为主,森林植被主要是高山稀疏灌木林和灌丛。目前,该地区植被盖度降低,草原退化明显,涵养水源等生态功能减弱,大量泥沙流失,直接影响江河中下游生态安全。

建设重点:以封山育林(草)为主,最大限度地保护和恢复林草植被,遏制荒漠化扩展。在河谷地区种植杨树、柳树、榆树、沙棘等适生树种,积极发展防护林和薪炭林。加快实施西藏生态安全屏障和"三江源"生态保护和建设规划,修复草原生态系统,恢复草原植被,增加森林面积,增强保持水土和涵养水源能力,保护生物多样性,构筑江河源头生态屏障,改善农牧民生产生活环境,维护下游生态安全。

四、保障措施

(一)加强组织领导,落实目标责任

推进造林绿化,保护和发展森林资源是各级党委和政府的重要职责。各级党委、政府要将造林绿化工作纳入重要议事日程,建立政府主导、部门联动、社会参与、齐抓共管的工作机制。各级政府要按照全国造林绿化的总体部署,组织编制实施规划,层层分解落实任务。建立健全造林绿化任期目标责任制,制定考核办法,将造林绿化和森林经营面积、森林蓄积、义务植树尽责率、森林覆盖率等指标作为考核的重要内容。加大造林绿化任期目标责任制执行情况检查考核力度，将考核结果作为评价领导干部政绩及政策调控的依据。

加强各级绿化委员会机构和队伍建设，强化对造林绿化工作的统一组织和领导，做好宣传发动、组织协调、督促检查、评比表彰等工作。各级造林绿化行政主管部门要健全机构，充实人员，提高管理能力，当好各级党委、政府的参谋助手，统筹造林绿化组织实施，做好技术服务。发改、财政、税务、金融等部门要加大造林绿化资金和政策支持力度。国土部门要统筹规划，合理安排造林绿化用地。教育、城建、农业、铁路、交通、水利、部队等部门，经贸、石油、石化、冶金等行业，要做好本系统的绿化规划，挖掘绿化用地潜力，多方筹措绿化资金，确保完成所辖范围内造林绿化任务。工会、共青团、妇联要积极组织参与造林绿化。文化、广电、宣传等部门要加大造林绿化宣传教育力度，提高全社会造林绿化意识。

（二）完善政策机制，拓宽投资渠道

建立和完善以公共财政投入为基础、社会力量广泛参与、多渠道投资的造林绿化投入机制。各级政府要逐步加大造林绿化投入力度，支持重点生态工程等造林绿化工作。完善林木良种补贴、造林补贴、森林抚育补贴制度。落实绿化机具补贴政策，积极支持先进适用绿化机具的推广应用。保障造林绿化工作经费。

全面深化林业改革。深入推进集体林权制度改革，确立农民的林业经营主体地位，引导林业经营者在产权明晰的基础上，组建合作经济组织，促进林业规模经营。建立健全集体林权交易流转制度和森林资源资产评估制度等配套措施。稳步推进国有林场、重点国有林区改革，创新经营机制，增强发展活力。深化林木采伐管理制度改革，进一步落实林权所有者对林木的处置权。

积极引入市场竞争机制，鼓励和引导多方面参与、多元化筹资投入造林绿化。鼓励以木材和其它林产品为原料的企业，与林业部门、林农、林农合作经济组织共同建设能源林、油料林、纸浆林、人造板原料林等基地，推进林工一体化进程。建立健全森林灾害保险制度。建立健全林权抵押贷款制度，创新担保机制，加大信贷投放力度。加强义务植树规范管理，完善政策措施，拓宽尽责渠道，提高义务植树质量和尽责率。鼓励企业捐资造林，建立企业捐资开展碳汇造林机制。

（三）健全规章制度，规范质量管理

建立健全造林绿化质量监管制度，推进造林绿化从作业设计、采种育苗、整地栽植、抚育管护、有害生物防治到采伐更新全过程的质量管理。完善造林绿化工程招投标制度，建立以造林绿化专家为主体的评标体系。严格规范造林绿化设计管理，定期审查设计单位资质，工程造林必须由有资质的设计单位进行作业设计，按规定程序审批。逐步推进施工队伍专业化，推行施工单位资质管理制度。实行工程造林监理制，建立营造林工程监理单位、监理工程师、监理员资格准入制度。严格执行城镇绿化、部门绿化、单位绿化与基本建设"四同步"，即造林绿化工程与各项基本建设同步规划、同步设计、同步施工、同步验收。加强种子执法和苗木检验检疫工作，实行种源管理制度，强化林木种苗生产经营许可制度、标签制度、档案制度、检验检疫制度和主要林木品种审定制度。

（四）强化科技支撑，优化人才队伍

完善造林绿化技术标准体系，按荒山荒地造林、城乡绿化等不同类型、不同区域、不同培育目标，分别制订造林绿化技术标准，形成完善的标准体系。加强造林绿化科学管理，推行造林绿化从作业设计、采种、育苗，到整地、栽种、有害生物防治以及抚育改造等全过程的标准化、规范化、科学化。

加大造林绿化科技攻关力度，重点加强困难立地造林、混交林营造、珍贵树种培育、能源林培育、名特优经济林栽培、碳汇计量监测等技术研究。积极吸纳基层林业科技人员参与国家课题研究。加大造林绿化科技成果转化运用和实用技术推广力度，优先采用具有自主知识产权的先进实用技术，积极推广使用高产优质抗逆的林木植物新品种，支持和鼓励使用优良种苗造林。完善科技成果转化的激励机制，鼓励专业技术人员从事造林绿化科学研究和技术推广，结合科技项目的实施，深入基层开展科技服务。

落实国家对基层和边远地区工作人员的津贴、补贴政策，改善基层林业科技人员工作和生活条件，鼓励、引导人才向林业生产一线流动，增加基层科技人员比重。出台高校毕业生到林区创业就业扶持政策，实施高校毕业生基层培养计划、大学生志愿服务林区计划。积极开展林业科技特派员活动，选派高技能专业技术人员到基层帮助工作，优化林区人才结构，壮大并稳定林区人才队伍。加强造林绿化技能培训，建立造林绿化技能考核制度，制订考核标准，开展技能鉴定，优化造林绿化规划、设计、施工、监理队伍，提高整体技术水平。

（五）推进法制建设，强化资源保护

推进造林绿化法制建设。修订森林法、城市绿化条例、全民义务植树实施办法、森林病虫害防治条例、植物检疫条例等法律法规。加快制定林权流转登记管理办法，保障营造林主体合法权益。各地要制定完善造林绿化、义务植树、古树名木保护等地方性法规。

加强未成林造林地抚育管护，强化森林经营，提高林地生产力。加强林业有害生物防治能力建设，提高林业有害生物预测预报和防治水平。加强森林草原防火，深入开展防火宣教活动，提高全民防火意识，积极营造生物防火林带，提高森林火情预警预报和火灾扑救能力，切实加强重点林区和关键部位林火防控工作。加强现有法律法规和规章制度的执行力度，严格征占用林地、绿地审批管理。采取得力措施，依法惩处盗伐、滥伐林木，毁坏林木、绿地、草原，以及非法占用林地、绿地、草原的行为，巩固和发展造林绿化成果。

（六）夯实基础设施，提高保障能力

全面加强基层林业工作站、林木种苗站、森防检疫站、林业科技推广站（中心）等基层林业单位基础设施建设，改善生产、办公、居住条件，提高造林绿化的服务能力。各级政府要将与造林绿化配套的水利设施、林区道路、供电、通讯、防灾等设施建设统筹纳入建设规划，加大投入。特别是要加大对偏远山区、重点林区、沙区和少数民族地区造林绿化基础设施建设扶持力度，改善林区生产生活条件。加强林区森林防火、林业有害生物防治、森林公安和林业植物检疫技术装备和基础设施建设，生物防火林带、生物防治病虫害工程要与营造林工程建设同步进行。

开展全国主要造林树种种质资源普查，收集保存适应性、抗逆性强的种质资源。建立林木种子储备制度，保证以丰补歉，以优补劣，增强林木种苗生产供应抵御各种自然灾害的能力。加强高世代种子园和采穗圃建设，建立示范性优质种苗基地，增加保障性苗圃数量和繁育规模，确保优良林木种苗的生产，保障造林绿化的种苗需求。

# 住房城乡建设部关于促进城市园林
# 绿化事业健康发展的指导意见

建城〔2012〕166号

各省、自治区住房城乡建设厅，北京市园林绿化局，上海市绿化和市容管理局，天津市市容和园林管理委员会，重庆市园林事业管理局，新疆生产建设兵团建设局：

为全面贯彻落实党的十八大精神，进一步深入落实科学发展观，大力推进生态文明建设，加强城市园林绿化规划设计、建设和管理，促进城市园林绿化事业健康、可持续发展，现就城市园林绿化工作提出如下意见：

一、促进城市园林绿化事业健康发展的重要性和紧迫性

城市园林绿化作为为城市居民提供公共服务的社会公益事业和民生工程，承担着生态环保、休闲游憩、景观营造、文化传承、科普教育、防灾避险等多种功能，是实现全面建成小康社会宏伟目标、促进两型社会建设的重要载体。

各地住房城乡建设（园林绿化）主管部门要从战略和全局发展的高度，充分认识促进城市园林绿化事业健康发展的重要性和紧迫性，进一步统一思想，落实各项措施，积极推进城市园林绿化工作，创造良好人居环境，促进城市可持续发展。

二、指导思想、基本原则和目标任务

（一）指导思想

以科学发展观为指导，将城市园林绿化作为生态文明建设和改善人民群众生活质量的重要内容，作为政府公共服务的重

要职责,切实加强全过程的控制和管理,推动园林绿化从重数量向量质并举转变,从单一功能向复合功能转变,从重建设向建管并重、管养并重转变,实现城乡绿化面积的拓展、绿地质量的提高和管养水平的提升,促进城市生态、经济、政治、文化和社会协调发展。

(二)基本原则

生态优先,科学发展。要树立按照尊重自然、顺应自然、保护自然的生态文明理念,加强对城市所依托的山体、河湖水系、林地、生物物种等自然生态资源的保护,坚决纠正急功近利、贪大求洋等违背科学发展观和自然规律的建设行为。

量质并举,功能完善。要在合理增加城市绿量的基础上全面提升绿地品质。通过科学规划和合理设计,进一步完善绿地系统布局和结构,实现城市园林绿化生态、景观、游憩、文化、科教、防灾等多种功能的协调发展。

因地制宜,资源节约。要以"节地、节水、节材"和"减少城市热岛效应、减少城市空气和水体污染、减少城市建筑和基础设施能耗"为核心,在城市园林绿化规划、设计、建设和养护管理各个环节中最大限度地节约资源,提高资源使用效率,减少资源消耗和浪费,获得最大的生态、社会和经济效益。

政府主导,社会参与。明确城市政府责任,强化政府在资源协调、理念引导、规划控制、财政投入等方面的作用,鼓励民间资本通过政府购买服务的形式进入园林绿化的运营和养护,提升社会公众在园林绿化规划、建设和管理各个方面的参与度,实现全民"共建共享"的和谐发展。

(三)发展目标和主要任务

到 2020 年,全国设市城市要对照《城市园林绿化评价标准》完成等级评定工作，达到国家Ⅱ级标准，其中已获得命名的国家园林城市要达到国家Ⅰ级标准。

当前园林绿化工作的主要任务是：在积极拓展城市绿量的基础上，进一步均衡绿地分布，加强城市中心区、老城区的园林绿化建设和改造提升；紧密结合城市居民日常游憩、出行等需求，加快公园绿地、居住区绿地、道路绿化和绿道建设；继续推广节约型园林绿化；不断完善绿地系统综合功能；以保护城市规划区内水系、山体、湿地、林地等自然生态资源为依托，统筹城乡绿化发展。

三、采取有效措施，促进城市园林绿化事业健康发展

（一）坚持公益性、专业化发展方向

城市园林绿化是重要的公益事业，必须坚持政府主导的原则，不能将城市公园绿地片面视为旅游资源和旅游产业内容，违背其公益性质进行经营性开发。城市园林绿化是涉及生态、土壤、植物、城市规划、建筑等多个专业的系统工程，不能简单等同于植树造林，进行粗放式建设和管理。城市园林绿化是唯一有生命的城市基础设施，与城市建筑物、构筑物及各类市政基础设施密不可分，必须统一规划、协同建设、综合管理。

（二）加强科学规划设计

1. 增强绿地系统规划的强制性和可实施性。各设市城市、县城要在2015年底前完成绿地系统规划的编制或修订工作，并纳入城市总体规划依法报批。绿地系统规划应根据地域自然条件和历史文化特征，合理设置各类绿地及园林绿化设施，采取点、线、面、环等多种形式，进行科学布局，形成完整有机的系统。绿地系统规划应包括绿地现状分析与评价、规划期限和目标、绿地指标、绿地系统总体结构、各类绿地布局、绿线、

区域植物及引种育种规划、生物多样性保护、古树名木保护、防灾避险等主要内容。批准后的绿地系统规划要向社会公布，各级人民政府要定期组织检查，督促落实。绿地系统规划确定的各类绿地实行绿线管制，园林绿化主管部门要会同城乡规划主管部门加快划定城市绿线，绿线划定后要在政府网站等主要媒体上公布，接受公众监督。

2. 严格把好城市绿地设计方案审查、论证关。要将节约型、生态型、功能完善型园林绿化的具体要求落实到设计方案审查要求中，从源头上控制追求高档用材和过大规格苗木、从山区移植古树到城市、引种不适合本地生长的外来植物、滥设粗劣雕塑和小品、使用昂贵灯具造景、盲目建设大广场和大水景等不符合科学发展观的做法。严格控制城市绿地设计方案中使用的苗木规格，胸径大于 15 厘米的速生树种乔木数量和胸径大于 12 厘米的慢生树种乔木数量在乔木总数中所占比例不得大于 10%。

（三）提升绿地建设品质

1. 积极拓展绿化空间。要对城市边角地、弃置地全部实施绿化，结合市政基础设施积极开展墙体、屋面、阳台、桥体、公交站点、停车场等立体空间绿化。

2. 均衡城市绿地分布。要结合旧城改造、棚户区改造项目，通过拆迁建绿、拆违还绿、破硬增绿、增设花架花钵等形式，加强城市中心区、老城区等绿化薄弱地区的园林绿化建设和改造提升。

3. 加快公园绿地建设。要按照城市居民出行"300 米见绿，500 米见园"的要求，加快各类公园绿地建设，不断提高公园服务半径覆盖率。大力倡导文化建园，加大对地域、历史、文化元素的挖掘，提高公园文化品位和内涵，打造精品公园。

4. 完善居住区绿化。要加强对新建居住区绿地指标和质量的审核，并结合居民使用需求，通过增加植物配置和游憩、健身设施，对老旧小区绿化进行提升改造，完善居住区绿地的生态效益和服务功能。

5. 建设林荫道路。要加强城市道路绿化隔离带、道路分车带和行道树的绿化建设，增加乔木种植比重，在降低交通能耗、减少尾气污染的同时，为步行及非机动车使用者提供健康、安全、舒适的出行空间，达到"有路就有树，有树就有荫"的效果。

6. 增强绿地防灾避险功能。要通过合理利用城市湿地和增加下凹式绿地、透水铺装、路面雨水引流设施等措施，增强雨洪调控能力，滞留和净化雨水回补地下水。结合公园绿地、广场因地制宜设置应急避难场所，按照相关标准、规范配备应急供水、供电、排污、厕所等设施并保障日常维护管理到位。

7. 推广节约型园林绿化。要针对不同城市水质性、水源性缺水的情况，推广使用微喷、滴灌、渗灌、再生水利用和雨水收集利用等节水技术，探索并推广集雨型绿地建设。绿地铺装地面要使用透水透气的环保型材料，减少硬质铺装使用比例。坚持适地适树，优先使用苗圃培育的乡土植物种苗，通过科学配置，营建以乔木为骨干的复层植物群落，减少单一草坪应用，节省建设、养护成本。

8. 实施自然生态保护和修复。要加强城市规划区内的湿地资源和生物多样性保护，充分保护和利用城市滨水区域野生、半野生生境构建滨水绿地，推进城市水体护坡驳岸的生态化建设和修复，纠正随意改变自然地形地貌、挖湖堆山、拦河筑坝、截弯取直、护坡驳岸过度硬化等建设行为。强化城市内自然山体保护和绿化，对违法开山采石取土造成的裸露、破坏山体尽快实施生态修复。

9. 统筹城乡绿化。要加强城乡大环境绿化，结合城市道路、山体、水系、湿地、林地建设绿化隔离带、绿道、绿廊等，强化城乡之间绿色生态空间的联系。县、镇园林绿化建设不能简单模仿城市，要充分体现对县、镇自然山水资源和人文历史资源的保护和利用。

（四）规范市场监管

1. 加强从业单位资质和从业人员资格的管理。从事园林绿化工程设计、施工、监理的单位，要依法取得相应的资质，并在资质许可范围内承接业务。设计人员、监理人员要取得相应的执业资格并在资格许可范围内执业。城市园林绿化主管部门要加强对施工负责人、项目负责人、质量和安全管理人员的专业培训。

2. 完善工程建设程序。城市园林绿化主管部门要根据园林绿化工程特点及管理现状，研究制定规范工程建设程序的相关规定，完善项目报建、承发包交易、项目报监、施工许可和竣工验收备案制度。加强对各类园林绿化工程竣工验收的监督管理，对其用材、用工、工艺、施工质量以及绿地指标的落实等严格把关。加大对违规项目的处罚力度，切实提高投资使用效率和工程建设水平，保障群众利益。

3. 严格招投标管理。园林绿化工程依法应当实施招投标的，要按国家和地方有关规定执行，并应充分考虑园林绿化的文化性、艺术性和园林植物具有生命力等特殊性，通过公平、公正、公开的市场竞争方式确定设计、施工、养护、监理、质检单位，禁止串标、围标、低于成本价的恶意投标、弄虚作假等行为。

4. 强化工程质量监督。要制定园林绿化工程质量监督管理办法，完善对监理单位及监理人员的园林绿化专业技术资格要求，加强对园林绿化工程质量的监督检查和施工技术指导。

5. 加强行业诚信体系建设。城市园林绿化主管部门要会同相关主管部门和质量监督机构，定期发布城市园林绿化工程设计、施工、养护、监理单位遵守法律法规、工程质量、诚信等情况，及时公布违法违规企业名单及降低资质等级、吊销资质证书等处罚结果。

（五）强化日常管护

1. 切实执行绿线管理制度。要在城乡规划中全面引入绿线管理制度，对城市绿线内的用地进行严格管理，对侵占绿地、擅自改变绿地性质等违法行为加大检查和执法力度。确因特殊需要临时占用绿地的，要经园林绿化主管部门批准，按照有关规定办理临时用地手续，缴纳相关费用，并在被占绿地四周明显位置公示占用单位、事由、期限和批准单位、时间及恢复措施等相关信息。开发利用绿地地下空间的，在报规划等有关部门审批时，应征求园林绿化主管部门的意见，并符合国家和地方有关规范，确保树木正常生长和绿地正常使用。

2. 严格保护园林树木。在城市建设中要加强原有园林绿化成果的保护，严禁擅自砍伐、移植园林树木。因同一个工程项目需砍伐大树（胸径20厘米以上落叶乔木和胸径15厘米以上常绿乔木）超过2株，或移植大树、实施大修剪超过10株，或需迁移古树名木的，必须在工程规划设计阶段进行专项论证，采取听证会、公示等形式，就砍伐、移植树木种类和数量、修剪程度等征求公众意见，接受社会监督。道路改造要制定对原有行道树妥善保留的实施方案，反对盲目更换树种、随意砍伐和移植行道树。要加大对古树名木及树龄大于 50 年的树木的保护力度，反对高价购买、移植非生产绿地内的树木，严禁从自然山林或乡镇农村直接采挖大树、古树进行异地移植。

3. 加强公园绿地监管。禁止借改造、搬迁等名义侵占公园绿地，确需搬迁的要经过充分论证，搬迁后不得改变公园绿地的公益性质，不得改变原址用地的公园绿地性质和使用功能。禁止将公园用地或园内设施以租赁、承包、买断等形式转交给营利性组织或个人经营。对侵占公园用地进行商业开发的，要限期整改，并恢复用地的公园绿地性质。对公园绿地内不符合规划、未经批准，并且与公共服务、公园管理功能无关的经营性场所，要坚决予以清退。

4. 强化专业化、精细化管护。各地要结合实际情况，制定完善园林绿化养护管理技术规范和养护定额标准，加快培养养护专业技术人员，加大养护资金投入。养护管理资金投入应占当地上一年度园林绿化建设总投入的 7—10%，同时不低于当地园林绿化养护管理定额标准。坚决纠正"重建轻管，只建不管"，绿地建成后无管养资金、人员保障，造成绿地难以发挥应有景观、生态效益的问题。要结合数字城市建设，加快城市园林绿化管理信息系统建设，提高遥感信息技术在绿地要素调查、古树名木保护、绿地系统监测、绿地跟踪管护等方面的应用水平。

（六）推动科技创新

要加强城市园林绿化的基础调研和应用研究，充实科研队伍，落实科研经费，加大新成果、新技术的推广力度，促进科研成果的转化和应用。要结合风景名胜区、植物专类园、综合公园、生产苗圃等建立乡土、适生植物种质资源库，开展相应的引种驯化和快速繁殖试验研究。要积极推广应用乡土及适生植物，在试验基础上推广应用自衍草花及宿根花卉等，丰富地被植物品种。要促进野生种群恢复、生境重建，满足城市园林绿化建设和生物多样性保护需求。

四、加强对城市园林绿化工作的组织领导

（一）落实地方责任，完善管理制度

要建立健全市政府主要领导负总责的城市绿化目标责任制，把城市园林绿化纳入市政府重要议事日程，并从管理机构、资金投入和人员编制等方面给予保障，制定完善绿线管理、园林绿化工程管理、养护管理、信息公开及杜绝古树迁移、控制大树移栽、防止外来物种入侵等各项管理制度，确保城市园林绿化管理职能行使到位。

（二）巩固创建成果，推进生态园林城市建设

要在巩固国家园林城市创建成果的基础上进一步发展提升，将创建活动向县、镇延伸，向居民区和单位发展，向生态园林城市推进。省级住房城乡建设（园林绿化）主管部门要积极引导已获命名的国家园林城市推进生态园林城市创建工作，从实际出发，制定切实可行的创建目标和工作方案，促进城市园林绿化从以园林绿化为基础，向市政基础设施、住房保障、绿色出行、低碳交通、绿色建筑、循环经济、建筑节能等全方位的结合发展过渡；从追求外在形象整洁美观向提升城市生态功能、保护自然资源和生物物种多样性、保障城市生态安全和促进城市可持续发展转变。

（三）以示范项目带动，加强行业指导

住房城乡建设部将确定一批符合节约型、生态型、功能完

善型园林绿化发展方向的园林绿化示范项目，向全国推广，发挥示范引领作用。各级园林绿化主管部门要对居住区、单位附属绿地和公路、铁路、湖泊、水库、河道等用地范围内的绿地加强行业指导，促进其按照国家标准规范要求，实施专业化规划设计、建设和规范化管理。

（四）完善法规标准，建立长效监管机制

要严格贯彻执行《城市园林绿化评价标准》等国家及行业标准，有条件的城市要结合实际情况，尽快制定、修订地方法规，加强对毁绿、占绿等违规行为的处罚力度，强化对城市园林绿化的保护。各级园林绿化主管部门要与规划、纪检、监察、财政、审计、房产、执法等有关部门联动配合，加大对违法违规行为的查处力度。

（五）加大培训教育和宣传力度

要加强城市园林绿化专业技术人才队伍的培养，定期组织专业知识和技能培训，形成低、中、高级技能型人才梯队，提高行业发展整体水平。建立园林绿化信息发布和社会服务信息共享平台，将园林绿化工程项目信息及移植树木、临时占用绿地等行政审批信息面向社会公开，自觉接受社会公众和新闻媒体的监督，加强对社会舆情的收集、研判和处理，营造"政府重视、社会关注、百姓支持"的良好氛围。

（六）组织专项检查

各地要对照本意见各项内容，全面组织开展城市园林绿化专项检查，并对当前存在的问题立即整改。各省级住房城乡建设（园林绿化）主管部门要对本地区的问题查找和整改情况进行监督检查，并在 2012 年 12 月底前将检查情况和整改方案报我部。

我部将根据各地专项检查开展情况和各省上报情况进行重点抽查，对经检查确实存在破坏城市自然生态资源、大规模砍伐移植行道树、移植大树古树、占用公园用地或设施进行经营性开发、侵占绿地等严重问题的，将予以通报批评；其中已获得"国家园林城市"、"中国人居环境奖"称号的城市，将撤销其称号；已申报"国家园林城市"、"中国人居环境奖"的城市，将取消其申报、考核资格。

中华人民共和国住房和城乡建设部

2012 年 11 月 18 日

## 国家发展改革委 国家林业局关于加强
## 长江经济带造林绿化的指导意见

发改农经〔2016〕379号

上海市、江苏省、浙江省、安徽省、江西省、湖北省、湖南省、重庆市、四川省、贵州省、云南省发展改革委、林业厅（局）：

长江经济带森林生态系统是沿江绿色生态廊道的重要组成部分，在涵养水源、保持水土、生物多样性保护等方面发挥着不可替代的作用。多年来，在党中央、国务院的坚强领导下，在地方各级党委、政府和广大干部群众的努力下，长江经济带造林绿化工作取得了明显成效，森林面积持续增加、生态功能不断改善。但也要看到，长江经济带造林绿化工作仍然面临着森林生态功能脆弱、低效退化林面积大等问题，与长江经济带"生态文明建设的先行示范带"功能定位还有一定差距。为进一步加强长江经济带造林绿化工作，推进长江经济带绿色生态廊道建设，经商推动长江经济带发展领导小组办公室，特提出以下意见：

一、总体要求

（一）总体思路。全面贯彻落实党中央、国务院实施长江经济带发展战略的重大决策部署，坚持生态优先、绿色发展，以增加森林面积、提高森林质量为主攻方向，以增强森林水源涵养功能、防治水土流失为重点，以体制、机制和科技创新为动力，开展大规模国土绿化行动，加快构筑结构稳定、功能完备的森林生态系统，着力建设好长江经济带绿色生态廊道。

（二）基本原则。坚持生态优先、统筹推进，将造林绿化作为长江经济带绿色生态廊道建设的优先领域积极实施；坚持数量增长、质量提升，全面促进森林资源恢复和功能改善；坚持因地制宜、分类施策，着力加强重点区域综合治理；坚持政府主导、社会参与，鼓励和引导各方面力量参与造林绿化。

（三）总体目标。到 2020 年，造林绿化工作取得实质性突破，基本建成以各类防护林为主体、农田林网及绿色通道为网络、城镇乡村绿屏为节点的生态防护体系，森林生态系统的水源涵养、水土保持、生物多样性保护等服务功能明显增强，森林生态系统与生物多样性价值得到提升，用材林面积明显增加、结构优化合理，有效促进长江经济带绿色生态廊道建设。森林面积增加 290 万公顷，森林蓄积增加 5 亿立方米，森林覆盖率达到 43%。

二、加快造林绿化步伐

（四）积极推进宜林地营造林。充分发挥长江经济带丰富的树种资源和良好的水热条件优势，以宜林地面积较大的长江上中游湖北、湖南、重庆、四川、贵州、云南等省市为重点，大力营造以水土保持林、水源涵养林为主的防护林和国家储备林，积极培育优质珍贵大径级阔叶林、短周期工业原料林、木结构建筑原料林、竹林、木本粮油和特色经济林。对区域内造林难度大的宜林地，要强化科技支撑，加大封山育林力度，充分发挥大自然的自我修复能力，加快恢复森林植被。

（五）大力开展退耕还林还草。全面落实《新一轮退耕还林还草总体方案》和《关于扩大新一轮退耕还林还草规模的通知》要求，重点支持长江经济带符合政策的 25 度以上陡坡耕地、严重沙化耕地、丹江口库区和三峡库区等重要水源地 15—25 度坡耕地退耕还林还草，向金沙江等中上游地区倾斜。各地在实施中要依据全国第二次土地调查成果，确定符合政策的退耕范围；要加强组织引导，充分尊重农民意愿，做好技术服务，把退耕还林还草工作与调整农业产业结构、发展特色产业、改善农民生产生活条件结合起来，确保农户退耕成果巩固。

（六）加强城镇村庄绿化美化。坚持建设生态型、功能型城乡绿地生态系统的发展方向和构建园林城镇、建设美丽乡村的造林绿化发展思路，加强乡镇建成区、村屯居民区绿化美化。长江上游重庆、四川、贵州、云南等省多山地区要因地制宜，积极运用乡土树种造林，科学配置阔叶树种、彩叶树种，丰富景观异质性，构建与自然生态相协调的城乡绿化景观。长江中下游上海、江苏、浙江、安徽、江西、湖北、湖南等省市平原地区要充分挖掘城镇村庄绿化潜力，拓展绿化空间，规划建绿、见缝插绿、拆违还绿，形成与城镇化建设、美丽乡村建设相适应的城乡绿化美化格局。条件适宜的地区，要结合城乡绿化发展具有地方特色的经济林，建设防护绿地、生产绿地和风景林地，构建乔灌草相结合、经济与生态双赢、融入自然的城乡绿化美化景观，切实改善城乡人居环境。

（七）构建绿色通道和农田防护林网。加快公路、铁路、渠道、堤坝沿线造林绿化，促进绿色通道断带合龙、改造更新，巩固和扩大绿色通道建设成果。重点加强县道、乡道等乡村公路沿线造林绿化，积极推进河渠湖库周边造林绿化，建设和完善河渠湖库周边防护林体系，增强水土保持、水源涵养和兴林灭螺功能，构建完备的绿色通道体系。加快矿区及周边裸露地造林绿化和植被恢复，改善矿区生态状况。江苏、浙江、安徽、江西、湖北、湖南等长江中下游平原地区要坚持建设与提高相结合，加强农田防护林更新、残次林带改造，建设和完善高标准农田防护林网，提高整体防护功能。

（八）加快重点区域治理。集中力量抓好湖北、湖南、重庆、四川、贵州、云南等省市岩溶地区石漠化综合治理，实施石漠化综合治理二期工程，加快林草植被保护与恢复、小型水利水保配套工程建设，有效遏制石漠化扩展趋势。加强四川、云南金沙江干热河谷水土保持林建设，封山育林与人工促进相结合，努力恢复林草植被。加快江西、湖北、湖南、重庆"两湖两库"（洞庭湖、鄱阳湖、三峡库区、丹江口库区）水土保持林、水源涵养林、护湖护堤护岸林建设，防治水土流失、减少水患威胁。

三、强化森林经营和保护

（九）全面推进中幼龄林抚育。要根据长江经济带中幼龄林面积大、比例高，过密过疏过纯林分同时存在的现状，按照森林演替规律和林分发育阶段，全面推进中幼龄林抚育。对密度过大、林木竞争激烈的林分，采取抚育间伐等措施，调整林分密度，优化林分结构，促进林木生长。对密度过疏、目的树种缺乏、天然更新不良的林分，通过补植补造、促进天然更新等抚育措施，调整树种组成，增加乡土树种比例，引导培育混交林。对遭受有害生物侵害等受损林分，采取卫生伐、补植补造等综合抚育措施，改善林分健康状况，增强林分活力。对新造幼林，加大割灌除草等抚育措施，增强幼树竞争能力，促进林木生长，加快幼林郁闭成林。

（十）着力开展低效退化林改造。要按照适地适树原则，有针对性地采取混交林培育措施，促进森林正向演替，发挥林地生产和生态潜力，精准提高森林质量。对结构退化的低效林，采取抚育改造、补植改造、促进更新、封禁育林等改造措施，调整优化林分结构。对生长退化的低效林，采取去弱留强、更新复壮、修枝整形、平茬割灌、施肥浇水等改造措施，恢复森林生长活力。对立地退化的低效林，采取树种替换、抽针补阔、土壤改良、封禁管护等改造措施，改善养分循环，提高林地立地质量。禁止以低效退化林改造为名将天然林、天然次生林转变为人工林、纯林。

（十一）加强森林资源保护。加大天然林保护力度，有序停止天然林商业性采伐。率先划定长江经济带森林生态保护红线，实行严格的保护制度。坚持依法治林，严厉打击乱砍滥伐、乱捕滥猎、毁林开垦、非法占用林地等违法行为，巩固造林绿化成果。加强森林防火、林业有害生物防治和森林管护等基础设施建设，编制应急预案，强化责任，落实到人，全面提升灾害应急管理综合防控能力。

（十二）增强科技支撑能力。加强岩溶地区植被恢复技术、金沙江干热河谷造林技术、云贵高原高寒地区造林技术、重金属污染土地造林治理技术等关键性技术联合攻关，加强林木品种选育、强化种苗繁育技术研发，开展协同创新，突破技术瓶颈。利用现有研究成果和技术储备，总结、筛选、组装配套一批适宜长江经济带不同区域的营造林技术和模式，加大示范推广力度，推动科研成果转化。造林绿化要与林业技术推广同步设计、同步实施。充分运用现代科技手段，建立长江经济带造林绿化成果动态监测与效益评价系统，科学评价建设效果。

四、保障措施

（十三）完善投入机制。国家进一步加大对长江经济带造林绿化的投入力度，在安排防护林体系建设、岩溶地区石漠化综合治理、天然林资源保护等重点工程补助资金时，给予长江经济带以适当倾斜。加快建立和完善生态补偿机制。地方各级政府也要加大投入，整合各渠道资金，建立多元化的造林绿化投入机制，采取入股、合作、承包等多种方式拓宽筹资渠道，鼓励、引导和吸引社会资金投入，统筹推进长江经济带造林绿化工作。

（十四）创新建管机制。进一步完善集体林权制度改革，稳定林地承包关系，鼓励林权依法流转，积极推进林地所有权、承包权、经营权分置，培育新型林业经营主体，促进营造林规模化，大力发展林药、林菌、养生休闲、景观利用等绿色产业，实现生态和经济"双赢"。充分发挥专业造林队伍在标准化、集约化、规范化建设方面的骨干作用，提高资源配置效率，大力推行专业化造林。完善建后管护机制，推行专业队伍管护、承包管护、林农自管等灵活多样的管护模式。

（十五）强化组织领导。地方各级政府要将长江经济带造林绿化工作纳入重要议事日程，统一思想、提高认识，精心组织、加强领导，团结带领广大干部群众，扎实推进长江经济带造林绿化各项工作。要把党中央、国务院的决策部署与当地实际结合起来，明确本地区长江经济带造林绿化的主要目标和任务，并分解落实，制定具体的实施方案和配套措施，做好与城乡、土地利用等规划的统筹与衔接，建立造林绿化质量责任追究制度，确保各项工作落到实处。

（十六）加强指导协调。推动长江经济带发展领导小组办公室要加强对长江经济带造林绿化工作的协调。各有关部门要各司其职、各负其责，密切配合、通力协作，加强对长江经济带造林绿化工作的指导。国家林业局要将目标任务分解落实到各地。各级林业行政主管部门要强化规划设计、组织管理、协调服务、督导检查，加强机构和队伍建设，完善造林绿化建设标准、管理办法和技术规程，稳步推进长江经济带造林绿化工作。

鉴于加强长江经济带造林绿化工作，是贯彻落实长江经济带发展战略的一项重要内容，各地区、各部门要按照党中央、国务院的总体要求，坚定信心，开拓进取、扎实工作，切实做好长江经济带造林绿化工作，为推动长江经济带发展、建设生态文明做出新的更大贡献。

国家发展改革委

国家林业局

2016 年 2 月 24 日

# 全国绿化委员会　国家林业局关于进一步规范树木移植管理的通知

## 全绿字〔2014〕2号

各省、自治区、直辖市绿化委员会、林业厅（局），各有关部门（系统）绿化委员会，中国人民解放军、中国人民武装警察部队绿化委员会，内蒙古、吉林、龙江、大兴安岭森工（林业）集团公司，新疆生产建设兵团绿化委员会、林业局：

近年来，各地、各部门（系统）高度重视生态建设，城乡绿化步伐不断加快。但是，一些地方为加快绿化美化进程，片面追求视觉效果和发展政绩，盲目攀比绿化速度和树木档次，大量移植大树古树进行城乡绿化，强求一日成林、一夜成景，搞形象工程。这种做法严重违背了自然规律和经济规律，破坏了森林资源和生态环境，浪费了物力财力，是形式主义、奢侈之风的典型表现，广大人民群众和社会各界对此微词甚多、深恶痛绝。为深入贯彻落实党中央、国务院关于生态建设的一系列重要指示精神，落实中央八项规定，坚决抵制"四风"，依法保护森林资源，促进国土绿化和生态建设健康发展，现就进一步规范树木移植管理的有关事项通知如下：

一、充分认识树木移植的种种弊端，牢固树立科学的发展观和政绩观

树木移植特别是大树古树移植弊病多、害处大，违背树木生长规律，撕裂历史和文化传承，败坏社会风气，滋生绿化腐败，影响党和政府形象。一是破坏树木的原生环境和森林生态

系统。大树移植不仅不增加森林资源，反而因为切根截冠减少了生物量，影响了生态效益发挥，降低了原生地的森林质量，甚至造成水土流失、生物多样性减少，长远看还在一定程度上消弱了森林可持续发展的后劲，是一种典型的"挖肉补疮"、"拆东垒西"之举。二是造成不必要的损失浪费。大树古树移植采挖难、运输难、栽植难、成活难、耗费大。移植过程中根系、枝干受损严重，加上长途运输等原因，移植后树木成活率和保存率低。为使移植树木成活，有的截树冠、绑支架、打吊瓶，一株树从移植到成活少则耗资数百上千元，多则上万元甚至更高，最终有的还未必成活，造成严重损失浪费，而这种损失浪费又是多余的、没必要的。三是不利于发挥树木的生态功能。移植后的大树古树与栽植正常的苗木相比，长势弱，寿命短，树木吸碳放氧等生态功能明显降低，不利于树木长时间地持续发挥应有的多种效益。截冠断枝的做法，还严重影响林木的自然美，降低景观价值。四是助长了扭曲的政绩观。大树移植体现的是违背科学、务实精神的浮躁之风，助长的是急功近利、铺张浪费之风，严重影响科学发展，助长干部虚浮心态，人民群众很不赞成。各地、各部门（系统）绿化委员会、各级林业主管部门，特别是各级领导干部务必从整治"四风"的高度，充分认识大树古树移植的危害性，全面贯彻党的十八大、十八届三中全会、中央城镇化工作会议和中央关于改进作风的指示精神，坚决摒弃追求奢华、急功近利、违背科学、铺张浪费的城乡绿化发展模式，牢固树立尊重自然、顺应自然、保护自然的生态文明理念和科学的发展观、正确的政绩观，严格保护森林资源，科学推进城乡绿化，务实建设美丽中国，让广大城乡居民享受更多更好的绿化成果。

二、强化监督管理，杜绝大树古树违法采挖、运输和经营

只有杜绝大树古树违法采挖行为，才能从源头上抑制大树古树异地栽植。各地、各部门（系统）要认真落实《国家林业局关于切实加强和严格规范树木采挖移植管理的通知》（林资发〔2013〕186号）精神，用严谨的标准、严格的监管、严厉的处罚、严肃的问责，杜绝大树古树违法采挖、运输和经营行为，坚决遏制大树古树移植之风。除农村居民房前屋后个人所有且不属于古树名木的以外，凡采挖胸径5厘米以上的树木，都要由树木所有权人或单位提出申请，按规定审批后方可实施。合法采挖树木的单位和个人，必须采取有效措施保护好采挖林地上的其他树木，防止破坏周边植被。采挖后要及时回填土壤，防止水土流失，把对原生地的生态影响降到最低程度。要强化采挖树木运输、经营管理。运输采挖的树木，必须办理木材运输证。假植的树木再次采挖的，必须提供合法来源证明。对于涉嫌犯罪或负有行政责任的相关责任人和责任单位，依法依纪严肃处理。要认真落实最严格的源头保护制度，落实森林保护红线，实行森林资源保护管理责任追究。各地、各部门（系统）要采取现场督办、新闻曝光、行政问责等措施，确保对违法采挖、运输、经营树木的行为处理到位，行政责任追究到位。国家林业局派驻各地方森林资源监督专员办事处要加强对监督区内树木采挖、运输、经营的监督管理，并及时向全国绿化委员会、国家林业局报告督办监管情况。

三、禁止使用违法采挖的大树进行城乡绿化，确保绿化事业健康发展

强化大树古树使用的规范管理，是杜绝大树古树违法采挖、运输、经营的关键环节。凡违法采挖、不能全冠栽植的大树一

律不准用于城乡绿化。各地、各部门（系统）要认真履职尽责，加大造林绿化科学指导力度，严格把好造林绿化苗木规格、树种结构的设计和使用监管关。坚持以适地适树、全冠苗木栽植作为造林树种选择和苗木规格确定的基本原则，建立和完善科学严谨的国土绿化作业设计审批机制，从严把控国土绿化作业设计审批，特别是苗木年龄、规格大小、苗（树）木来源等关键关口。要严格监督施工和监理单位按作业设计开展施工和监理工作，杜绝违法采挖的大树古树用于城乡造林绿化，保证国土绿化事业健康发展。

四、强化林木种苗繁育，保障城乡绿化苗木需求

满足城乡绿化需要的良种苗木是遏制大树古树异地移植的重要基础。各地、各部门（系统）要进一步强化面向城乡绿化的良种苗木繁育工作，根据需求做好规划，扶持一批种苗龙头企业，发展和建设苗木基地，积极使用先进育苗技术，选用优良品种，培育数量充足、质量优良、品种对路、结构合理的适合城乡绿化的苗木。鼓励有条件的国有林场，充分利用天然更新的幼树，建设大规格苗木基地，科学发展林苗一体化模式。鼓励以森林经营为主要目的，抚育间挖的幼树用于城乡绿化。严格执行种苗生产经营许可、标签、档案、检验检疫等项制度，加大对苗木来源的监督检查力度，对来源不清的苗木依法予以查封、扣押。

五、加强组织领导，落实工作责任

各地、各部门（系统）要充分认识依法保护森林资源，严格规范树木移植的重要意义，把规范树木移植管理提到重要议事日程。要切实加强组织领导，建立问责机制，层层落实工作责任。要逐步建立完善界定违法采挖、运输、经营、栽植使用

树木的法律规定和追究刑事责任的立案标准，真正做到有法可依、违法必究。各地绿化委员会和林业主管部门要切实加强本辖区树木移植规范管理工作，木材检查站等林业基层站所要严格履职尽责，依法制止和查处违法采挖、运输大树古树行为；森林公安机关等执法力量要联合行动，依法从快从严查办违法采挖、经营大树古树案件。要切实加大宣传力度，让全社会知晓移植大树古树的危害性，引导树立正确的绿化理念，弘扬保护资源、崇尚节约的生态意识和社会公德。要加大树木移植检查监督工作力度，建立公众树木移植监督平台、有奖举报制度。发现国家公职人员等参与非法采挖、收购、运输、经营大树古树，或为违法人员充当保护伞，或知情不报、失职渎职的，给予相应的党纪、政纪处分，直至依法追究刑事责任。

各地要尽快制定出台树木移植的相关标准。除按造林技术规程规定的方式方法进行造林绿化外，原则上凡不能全冠栽植或全冠栽植需要输液的、具有一定年龄和径级的树木，均可界定为大树。允许移植树木的最高年龄和最大胸径，由各省（区、市）林业主管部门结合本地实际和树种生物学、生态学特性，分别慢生树种和速生树种作出具体规定，报国家林业局备案。

自本通知施行之日起，在城乡绿化中，凡使用违法采挖的大树古树进行造林绿化的单位和地方，不能参加全国林业系统先进集体、全国绿化先进集体、全国绿化模范单位、全国森林防火工作先进单位、保护森林和野生动植物资源先进集体、全国生态建设突出贡献奖、林业产业突出贡献奖等奖项和国家森林城市的评选；已经获得上述奖项或称号的，一律取消。

各地、各部门（系统）绿化委员会要建立树木移植定期报告制度，安排专人做好树木移植统计分析报告工作，每年12月底前，将树木移植情况，包括采挖树种、苗（树）木年龄、规格（地径或胸径）、苗（树）木来源、栽植面积、成活保存率、养护管理、存在问题、对策建议等报全国绿化委员会。

本通知自下发之日起施行。全国绿化委员会、国家林业局2009年5月13日印发的《关于禁止大树古树移植进城的通知》（全绿字〔2009〕8号）同时废止。

全国绿化委员会　国家林业局

2014 年 1 月 30 日